和讃の響き

——親鸞の声《うた》を聞く

吉元信暁

東本願寺出版

目次

Ⅱ　高僧和讃

Ⅲ　正像末和讃

本書は、東本願寺出版より刊行されている月刊誌『同朋《どうぼう》』（2021年4月号～2023年3月号）に計24回連載された「和讃の響き――親鸞の声を聞く」に加筆・修正をし、書籍化したものです。

本文中の『真宗聖典』は、東本願寺出版発行の『真宗聖典』を指します。

和讃の響き

――親鸞の声《うた》を聞く

はじめに——和讃《わさん》は「うた」

和文の「うた」

「和讃」は、親鸞聖人《しんらんしょうにん》（1173～1262）の「うた」です。

親鸞聖人は、その90年にわたる生涯の中で、多くの著作を残しています。

親鸞聖人の著作の中で、いわゆる主著と呼ばれるものは『教行信証《きょうぎょうしんしょう》』です。正式には、『顕浄土真実教行証文類《けんじょうどしんじつきょうぎょうしょうもんるい》』と言います。この著作は、すべて漢文で書かれています。

その他、漢文で書かれている難しいお聖教《しょうぎょう》の言葉を、漢字かな交じりの文章でわかりやすく解説されたものや、ご門弟《もんてい》に宛てられたお手紙（「御消息《ごしょうそく》」）なども、お書きになっています。

そしてさらに、声に出して称《とな》えることのできる「うた」を作られました。漢文で書かれたものには「正信偈《しょうしんげ》」（正式には「正信念仏偈《しょうしんねんぶつげ》」）などがあり、和文で書かれたものが「和讃」です。

「弥陀《みだ》の本願信《ほんがんしん》ずべし」

本書では、親鸞聖人が作られた和讃を1首ずつ取り上げて、皆さんとご一緒に読ませていただきます。

和讃には、『浄土《じょうど》和讃』（118首）、『高僧《こうそう》和讃』（119首）、『正像末《しょうぞうまつ》和讃』（116首）の三帖《さんじょう》和讃があります。その他に、『皇太子聖徳奉讃《こうたいししょうとくほうさん》』などの和讃があり、親鸞聖人はその生涯において、五百数十首の和讃を制作されています。

いつぐらいから作りはじめられたのでしょうか。最初の和讃、『浄土和讃』と『高僧和讃』は76歳の時に書き上げられています。その後、しばらく経《た》って、85歳の時に『正像末和讃』を作りはじめられます。その『正像末和讃』を作りはじめるきっかけとなった和讃が、

弥陀《みだ》の本願信《ほんがんしん》ずべし　本願信《ほんがんしん》ずるひとはみな
摂取不捨《せっしゅふしゃ》の利益《りやく》にて　無上覚《むじょうかく》をばさとるなり
（『真宗聖典』500頁）

という和讃です。

この和讃の前には、次の言葉が置かれています。

康元《こうげん》二《に》歳《さい》丁巳《ひのとのみ》二月《にがつ》九日夜《ここぬかのよ》寅時《とらのとき》夢告云《ゆめにつげていわく》

（同前）

「康元二歳」というのは、康元2年、西暦1257年、親鸞聖人85歳の年です。その年の2月9日の夜、寅《とら》の時（午前4時前後）に、「夢に次の和讃が告げられた」というのです。ですから、この和讃は「夢告《むこく》和讃」と言われます。

親鸞聖人は90歳で亡くなられますから、最晩年のことです。その最晩年に、この和讃が夢に出てきたというのです。

「弥陀の本願信ずべし」など、晩年の親鸞聖人にとっては当たり前のことだったのではないでしょうか。そもそも、『教行信証』には、師である法然上人《ほうねんしょうにん》（1133~1212）との出《で》遇《あ》いを、

しかるに愚禿釈《ぐとくしゃく》の鸞《らん》、建仁辛《けんにんかのと》の酉《とり》の暦《れき》、雑行《ぞうぎょう》を棄《す》てて本願《ほんがん》に帰《き》す。

（『真宗聖典』399頁）

〔意訳〕さて、私、愚禿釈《ぐとくしゃく》の親鸞は、建仁元年、29歳の時、念仏《ねんぶつ》以外の雑行《ぞうぎょう》を棄《す》てて、阿弥陀仏《あみだぶつ》の願いに帰したのです。

と表現されています。ですから、法然上人と出遇った29歳の時から、「本願を信じ、念仏もうす」人生であったはずです。それではなぜ、85歳になって、「弥陀の本願信ずべし」の教えをあらためて和讃として聞かれたのでしょうか。

ただ言葉のひびきをきく

先ほど述べたように、親鸞聖人は、晩年まで五百数十首に及ぶ和讃の制作と補訂《ほてい》に力を注がれました。その和讃は、基本的にお聖教にもとづいて制作されています。たとえば、

弥陀成仏《みだじょうぶつ》のこのかたは　いまに十劫《じっこう》をへたまえり
法身《ほっしん》の光輪《こうりん》きわもなく　世《せ》の盲冥《もうみょう》をてらすなり
（『真宗聖典』479頁）

という和讃は、曇鸞大師《どんらんだいし》が書かれた『讃阿弥陀仏偈《さんあみだぶつげ》』の、

成仏《じょうぶつ》已来《いらい》歴《りゃく》十劫《じっこう》　寿命《じゅみょう》方将《ほうしょう》無《む》有量《うりょう》　法身《ほっしん》光輪《こうりん》遍《へん》法界《ほっかい》　照世《しょうせ》盲冥《もうみょう》故《こ》頂礼《ちょうらい》

〔訓読〕成仏《じょうぶつ》より已来《このかた》十劫《じっこう》を歴《へ》たまえり。寿命《じゅみょう》まさに量《はかり》あることなけん。法身《ほっしん》の光輪《こうりん》法界《ほっかい》に遍《へん》じて、世《せ》の盲冥《もうみょう》を照らす。かるがゆえに頂礼《ちょうらい》したてまつる。

（『真宗聖典』316頁）

という偈文《げもん》により作られた和讃です。

ただ、これは単に親鸞聖人が和讃の制作を通して、外国の言葉（漢文）を日本語に直す作業をされたということではないと思います。

何か頭で考えて和讃を作られたのではなく、ご自身が、お聖教を繰りかえし、繰りかえし読まれて、「本当にそうだなあ」という感動が声になって聞こえてきた。それが和讃になったということではないでしょうか。

真宗大谷派の学僧である金子大榮《かねこだいえい》師（1881～1976）が、親鸞聖人のことをうたった詩を書いておられます。その中に、

聖教《しょうぎょう》を披《ひら》くも、文字《もんじ》を見ず
ただ言葉のひびきをきく

（「宗祖を憶ふ」『くずかご』43頁）

とあります。親鸞聖人は、お聖教の言葉を、文字として読まれたのではなく、声として、「言葉のひびき」として聞かれたのだと思います。

その、声として聞かれた教えが、声として表現されていった。それが親鸞聖人の和讃なのではないでしょうか。

共にうたう

ですから、さきに引用した「弥陀の本願信ずべし」の和讃も、親鸞聖人ご自身が声として聞かれた教えなのでしょう。

しかも、その教えをどうすれば周りの人たちと共にいただいていくことができるのか。そのことが、85歳になってあらためて課題となったのです。

もっと言えば、「弥陀の本願信ずべし」ということが、生涯を通しての親鸞聖人の課題であったと言ってもよいかもしれません。これが、「弥陀の本願信ずべし」の教えをあらためて和讃（声《うた》）として聞かれたということの意味ではないでしょうか。

和讃の「讃」は、「讃嘆《さんだん》」です。「讃」も「嘆」も「ほめる」ということです。ほんとうにすばらしいこと、ほめたたえるべきことに出遇《であ》うと、思わず声が出るのでしょう。そしてその声が「うた」にまでなった。それが和讃です。

「うた」は繰りかえしうたうことができます。繰りかえしうたうことができるということは、繰りかえしほめることができるということです。

また、「うた」は周りの人たちと共にうたうことができます。愚痴《ぐち》や悪口《わるぐち》ばかりで終わっていくしかない人生に、周りの人たちと共にほめることのできる、ほめ合うことのできる人生が開かれる。共にうたうことのできる人生を歩ませていただく。それが、親鸞聖人が和讃を残してくださったことの意味ではないでしょうか。

本書では、『浄土和讃』、『高僧和讃』、『正像末和讃』の三帖和讃より、晩年の親鸞聖人が「声」として聞かれた、生涯を通しての教え、「弥陀の本願信ずべし」を要《かなめ》として24首の和讃を取り上げて、皆さんと共に尋ねていきたいと思います。

I 浄土和讃

弥陀《みだ》成仏《じょうぶつ》のこのかたは
いまに十劫《じっこう》をへたまえり
法身《ほっしん》の光輪《こうりん》きわもなく
世《せ》の盲冥《もうみょう》をてらすなり

（『浄土和讃』、『真宗聖典』479頁）

〈意訳〉
法蔵菩薩《ほうぞうぼさつ》があらゆる衆生《しゅじょう》を救おうという願いを建《た》て、その願いを成就《じょうじゅ》して阿弥陀仏《あみだぶつ》と成《な》られてから十劫《じっこう》の時が経過しての「いま」なのです。阿弥陀仏の光明《こうみょう》はかぎりなく、暗闇《くらやみ》に迷う私たちの人生を照らし続けているのです。

終わりのない願い

成仏《じょうぶつ》の歩み

この和讃は、「弥陀成仏《みだじょうぶつ》」という言葉ではじまります。「弥陀」は阿弥陀仏《あみだぶつ》のことです。

その次に「成仏」という言葉があります。『広辞苑』には、「(死ぬと直ちに仏になると考えられたことから)死ぬこと」とあります。「成仏」という言葉は、現在では、「死ぬと直ちに仏になる」が忘れられ、単に「死ぬこと」という意味で使われているのではないでしょうか。

ですから、この和讃のはじめの言葉も、「阿弥陀仏が亡くなられたのか…」と思われる方がおられるかもしれません。けれども、そうではないのです。

「成仏」の本来の意味は「仏《ぶつ》に成《な》る」ということであり、阿弥陀仏が阿弥陀仏に成られたということです。

「仏」が「仏」に成るなんておかしいと思われるかもしれませんが、阿弥陀仏には阿弥陀仏に成る前があり、その名を法蔵菩薩《ほうぞうぼさつ》と言いました。法蔵菩薩があらゆる衆生《しゅじょう》を救おうという願いを建《た》て、その願いを成就《じょうじゅ》して阿弥陀仏と成られたということが、『仏説《ぶっせつ》無量寿《むりょうじゅ》経《きょう》』（『大無量寿経《だいむりょうじゅきょう》』）というお経に説かれているのです。
つまり、阿弥陀仏は、はじめから阿弥陀仏としてどこかにおられたのではないのです。仏に成る前に願いを建てられ、その願いを成就して仏に成られた。そういう、いわゆる「願成就《がんじょうじゅ》」という成仏の歩みがあった。もっと言えば、その歩みそのものが阿弥陀仏なのです。

『大無量寿経』

親鸞聖人《しんらんしょうにん》の和讃は、基本的にお聖教《しょうぎょう》にもとづいて制作されています。今回の和讃は、曇鸞大師《どんらんだいし》の『讃阿弥陀仏偈《さんあみだぶつげ》』の、

成仏已来歴十劫《じょうぶついらいりゃくじっこう》　寿命方将無有量《じゅみょうほうしょうむうりょう》　法身光輪遍法界《ほっしんこうりんへんほっかい》　照世盲冥故頂礼《しょうせもうみょうこちょうらい》

〔訓読〕成仏《じょうぶつ》より已来《このかた》十劫《じっこう》を歴《へ》たまえり。寿命《じゅみょう》まさに量《はかり》あることなけん。法身《ほっしん》の光輪《こうりん》法界《ほっかい》に遍《へん》じて、世《せ》の盲冥《もうみょう》を照らす。かるがゆえに頂礼《ちょうらい》したてまつる。

（『真宗聖典』316頁）

の偈文《げもん》により作られた和讃です。『讃阿弥陀仏偈』は、曇鸞大師が『大無量寿経』によってつくられた偈文です。ですから、『大無量寿経』に説かれていることが内容としてうたわれているのです。『大無量寿経』は、親鸞聖人が『教行信証《きょうぎょうしんしょう》』「教巻《きょうのまき》」において、「真実の教《きょう》」と言い切られた大切なお経です。

それ、真実の教を顕《あらわ》さば、すなわち『大無量寿経』これなり。（『真宗聖典』152頁）

その『大無量寿経』に、釈尊《しゃくそん》と弟子の阿難《あなん》との次のような問答《もんどう》が出てきます。

釈尊と阿難の問答

それまで、「法蔵菩薩があらゆる衆生を救おうという願いを建てられ、兆載永劫《ちょうさいようごう》（無限の時間）の修行をされているのだ」という釈尊の説法《せっぽう》を聞いていた阿難が、釈尊に質問をします。「法蔵菩薩はすでに成仏して涅槃《ねはん》に入られたのでしょうか。まだ成仏されていないのでしょうか。そもそも今現におられるのでしょうか」（『真宗聖典』28頁取意）。

この質問に対して釈尊は、次のように答えます。「法蔵菩薩は、今すでに成仏して、現に西方《さいほう》におられる。それは、ここから十万億の仏国《ぶっこく》を過ぎたところにあるのだ。その仏の世界を名づけて安楽《あんらく》（極楽《ごくらく》）というのである」（同前）。

この釈尊の答えに阿難はさらに質問します。

その仏《ぶつ》、成道《じょうどう》したまいてより已来《このかた》、幾《いくばく》の時を経《へ》たまえりとかせん

（『真宗聖典』28～29頁）

〔意訳〕その仏が成仏されてからこれまで、どれほどの時が経ったのでしょうか。

この問いに対する釈尊の答えが、

成仏より已来《このかた》、おおよそ十劫《じっこう》を歴《へ》たまえり。

（『真宗聖典』29頁）

〔意訳〕成仏よりこれまで、おおよそ十劫の時が経過しているのだ。

です。

これだけの問答ですが、よく見ると、おもしろいことに、「どれほどの時が経ったのでしょうか」という阿難の質問では、「経《へ》たまえり」と「経」の字が使われているのですが、釈尊の答えの時には、「歴《へ》たまえり」と「歴」の字が使われていることがわかります。

十劫の成仏

「十劫」は、私たちが想像することもできないような長い長い時間を表します。蓮如上人《れんにょしょうにん》（1415～1499）は、「劫」について、「四十里《しじゅうり》四方の石を天人の羽衣《はごろも》で三年に一度なでて、石がすべて摩滅してしまうまでの時間が一劫である」（『正信偈大意《しょうしんげたいい》』、『真宗聖典』748頁取意）と解説しています。その一劫の十倍が十劫です。要するに、とんでもなく長い時間なわけです。

阿弥陀仏が成仏されてから、私たちが想像することもできないような長い長い時間（十劫の時）が経過しているということは、しかも、その時の経過が「歴」の字で表現されていることには、どのような意味があるのでしょうか。

さきほど見たように、阿弥陀仏が仏に成ったということは、阿弥陀仏が仏に成る前に願いを建てられ、その願いを成就して仏に成られた。そういう、いわゆる「願成就」という成仏の歩みがあるわけです。

私たちは、「成就」というと、何かものごとが完成してしまったというように考えるのです。けれども、阿弥陀仏の願いは、完成してしまったのではなく、完成し続けているのです。完成し続けているということは、終わりがないということでしょう。願いが終わりのない願いになったのです。

真宗大谷派の先学である宮城《みやぎ》顗《しずか》先生（1931～2008）は、この「願成就」を、

> 本願《ほんがん》が、本願をおこした人を超えて、すべての人の上にはたらく力となったということです。
> （『和讃に学ぶ 浄土和讃』17頁）

とおさえてくださっています。本願が「すべての人の上にはたらく力」となってはたらき続けてきた歴史が「十劫を歴たまえり」ということではないでしょうか。

終わりのない願い

親鸞聖人は、「いまに十劫をへたまえり」と、『讃阿弥陀仏偈』にない「いまに」とい

う言葉を加えておられます。それは、すべての人の上にはたらく阿弥陀仏の願いが、「いま」この私にはたらいているのだという感動を表現されたということではないでしょうか。

和讃は、「法身《ほっしん》の光輪《こうりん》きわもなく　世《せ》の盲冥《もうみょう》をてらすなり」と続けられます。金子大榮《かねこだいえい》師は、この「光輪」を、池水に石を投げればその波が輪をなして広がっていく、そのありさまにたとえています。そして、こうおっしゃいます。

　光輪の及ぶところ、そこに自分がおるのであります。

（『和讃日日』161頁）

阿弥陀仏の終わりのない願いが、光として、「いま」まさに、私にはたらいている。これが「法身の光輪きわもなく　世の盲冥をてらすなり」の意味でしょう。

私をはなれて弥陀の本願があるのではない。そのことに気づかされた感動がうたわれたのが、この和讃ではないかと思います。

智慧《ちえ》の光明《こうみょう》はかりなし
有量《うりょう》の諸相《しょそう》ことごとく
光暁《こうきょう》かぶらぬものはなし
真実明《しんじつみょう》に帰命《きみょう》せよ

（『浄土和讃』、『真宗聖典』479頁）

〔意訳〕
阿弥陀仏《あみだぶつ》の智慧《ちえ》の光明《こうみょう》は、人間の知恵《ちえ》ではかるものではありません。その光明のはたらきは、はかることしか知らない私たちの迷い（無明《むみょう》）の人生を照らし出してくださるのです。無明の闇《やみ》を照らし続ける真実のはたらきをいただいて生きてゆきなさい。

気づきとしての真実

はかりなし

引き続き、親鸞聖人《しんらんしょうにん》が曇鸞大師《どんらんだいし》の『讃阿弥陀仏偈《さんあみだぶつげ》』により作られた和讃（「讃阿弥陀仏偈和讃」）を読ませていただきます。今回の和讃は、

智慧光明不可量《ちえこうみょうふかりょう》　故仏又号無量光《こぶつうごうむりょうこう》　有量諸相蒙光暁《うりょうしょそうむこうきょう》　是故稽首真実明《ぜこけいしゅしんじつみょう》

〔訓読〕智慧《ちえ》の光明量《こうみょうはか》るべからず。かるがゆえに仏《ぶつ》をまた無量光《むりょうこう》と号《ごう》す。有量《うりょう》の諸相《しょそう》、光暁《こうきょう》を蒙《かぶ》る。このゆえに真実明《しんじつみょう》を稽首《けいしゅ》したてまつる。（『真宗聖典』316頁）

の偈文《げもん》により作られた和讃です。和讃と偈文を比べてみると、「智慧の光明はかりなし」の「はかりなし」は、「量るべからず」と「無量（光）」にもとづいた言葉だということがわかります。

智慧の光明はかりなし

（「讃阿弥陀仏偈和讃」）

智慧の光明量るべからず。かるがゆえに仏をまた無量光と号す。

（『讃阿弥陀仏偈』）

阿弥陀仏《あみだぶつ》の智慧の光明は、私たち人間の知恵や知識では、けっして捉えることができない、「これだ」と言うことができない。だから、阿弥陀仏のことをまた、「無量光」と言うのであると。これが『讃阿弥陀仏偈』の前半二句に述べられていることです。

親鸞聖人は、それにもとづいて、「智慧の光明はかりなし」とうたわれています。「はかりなし」とは、はかり（量）ということ自体が無い、つまり、智慧の光明は無量であると言っているのです。

「はかる」と「はか」

親鸞聖人は、和讃の漢字に、ふりがなをつけておられます。また、言葉の意味について、ところどころ左側に、説明書きをされています。これを左訓《さくん》と言います。この和讃二句目の「有量《うりょう》」という言葉には、次の左訓がほどこされています。原文はカナですが、わかりやすいように漢字とひらがなで表記します。

有量は、世間《せけん》にあることはみな量《はか》り有《あ》るによりて有量という。

（『親鸞聖人真蹟集成』第三巻20頁を参照）

私たちの世の中は、量ることばかりであるとおっしゃる。では、「量る」とはどういうことでしょうか。

「量る」以外の「はかる」という漢字を思い浮かべてみてください。いくつ思い浮かぶでしょうか。直接にものごとを計測するという意味の「計る」「測る」をはじめ、「付る」「諮る」「謀る」「図る」など、多くの漢字で「はかる」という意味が表現されています。一度、漢和辞典の音訓索引の「はかる」のところを調べて見てください。「こんなにたくさんのはかるがあるのか」とびっくりすることでしょう。

これだけ多くの漢字で「はかる」が表現されているということは、「はかる」がきわめて多様な意味を持っているということ。そして同時に、「はかる」ということが、人間の生活のあらゆる場面に現れる根本的な営みであるということなのでしょう。

この「はかる」という言葉の成り立ちに「はか」という言葉があります。「はか」が動詞化したものが「はかる」です。

「はか」を古語辞典で調べてみると、「計」「量」「捗」「果」などの字が当てられています。意味は、「イネやカヤなどを植え、また、刈ろうと予定した範囲や量」（『岩波古語辞典』）とあります。

つまり、「はか」というのは、「これだけのものをぜひとも手に入れたいものだ」とか、「こういうことになってほしいなあ」というふうに、私たちが思い描いているもの。結果とか、目標とか、目当てのことなのです。

その思い描いているものがその通りになれば、私たちは「はかがいく」とか「はかどる」と言いますし、その通りにならなければ「はかない」と言うのです。

思い通りにしたいという心

私たちは、予定を立て、目標を立てて、「こういう結果がほしい」、「こうなってほしい」と思いながら生きています。つまり、思い通りにしたいという心を生きています。「量り有る」生き方です。

その思い通りにしたいという心を生きている私たちのあり方が「有量の諸相《しょそう》」（量り有る相《すがた》）と表現されているのではないでしょうか。

ところが、思い通りにしたいという心を生きていながら、私たちの人生の事実はそうではありません。思い通りにならない。「はかない」のです。

蓮如上人《れんにょしょうにん》は、「白骨《はっこつ》の御文《おふみ》」に

それ、人間の浮生《ふしょう》なる相《そう》をつらつら観《かん》ずるに、おおよそはかなきものは、この世の始中終《しちゅうじゅう》、まぼろしのごとくなる一期《いちご》なり。

（『真宗聖典』842頁）

と、この世の始めも、中も、終わりも、はかない、まぼろしのような人生である、と言われています。思い通りにしたいという心を生きていながら、思い通りにならないのが私たちの人生の姿なのです。

真実明《しんじつみょう》に帰命《きみょう》せよ

私たちは、思い通りにならないことに苦しんでいます。そして、思い通りにならないことが、思い通りになれば苦しみはなくなるのだと思っています。それが人間の知恵です。けれども、思い通りにならないのが人生の姿なのですから、思い通りになることで苦しみがなくなるのではないのです。

そうではなくて、思い通りにしたいという心が苦しみを生み出しているのです。その無明《むみょう》の闇《やみ》に気づかせる仏の智慧、阿弥陀仏の智慧のはたらきをいただいて生きてゆきなさいというのが親鸞聖人の教えです。

思い通りにしたいという心が苦しみを生み出しているのだということをはっきりさせるはたらきが「真実明」です。

「真実」という言葉について、宮城顗《みやぎしずか》先生は、

真理が人間の生活の事実・現実にまでなってはたらいている、そのはたらきを表す言葉
（『和讃に学ぶ　浄土和讃』40頁）

であるとおさえてくださっています。

何か私と離れたところに真実があるのではない。私の上に気づきとして現れたものが

真実である。その真実の智慧（明）をいただいて生きてゆきなさいということを、親鸞聖人は、「真実明に帰命せよ」とうたってくださっています。

私たちは、この和讃を声に出して拝読することを通して、阿弥陀仏の呼びかけを声《うた》として聞かせていただいているのです。

清浄光明《しょうじょうこうみょう》ならびなし
遇斯光《ぐしこう》のゆえなれば
一切《いっさい》の業繋《ごうけ》ものぞこりぬ
畢竟依《ひっきょうえ》を帰命《きみょう》せよ

（『浄土和讃』、『真宗聖典』479頁）

〔意訳〕
阿弥陀仏《あみだぶつ》の清浄《しょうじょう》の光明《こうみょう》は、対《なら》ぶものがありません。私たちは、この光に遇《あ》ってはじめて、自らの思いが作り出している一切の束縛から解放されるのです。究極の依《よ》り処《どころ》である阿弥陀仏のはたらきをいただいて生きてゆきなさい。

私の心を突き破るはたらき

清浄《しょうじょう》の光明《こうみょう》

まず、「清浄光明《しょうじょうこうみょう》」とあります。清浄の光明ですから、きよらか（清らか・浄らか）な光なんだろうなと思います。けれども、この「清浄」は、何か客観的に阿弥陀仏《あみだぶつ》の光明はきよらかであるということを言っているのではありません。曇鸞大師《どんらんだいし》は、この「清浄」ということについて、『浄土論註《じょうどろんちゅう》』の中で次のようにおっしゃっています。

> 阿弥陀仏は、私たち衆生《しゅじょう》の住む世界がうそいつわりに満ち、それを繰りかえしていくことに極まりがないありさまをご覧になって、その迷いの衆生を、そうではないところ、つまり「畢竟安楽《ひっきょうあんらく》の大清浄処《だいしょうじょうしょ》」に生まれさせようとお思いになったのです。
>
> （『真宗聖教全書一』285頁取意）

「畢竟安楽の大清浄処」とは極楽浄土《ごくらくじょうど》のことです。「浄土」は「清浄国土」です。その清浄国土に迷いの衆生を生まれさせたいというのが阿弥陀仏の願いです。その生まれさせたいという願いが「清浄」ということのもとにあるのです。
また、親鸞聖人《しんらんしょうにん》は、「清浄光明」に、

貪欲《とんよく》の罪《つみ》を消《け》さん料《りょう》に清浄光明というなり。

（『親鸞聖人真蹟集成』第三巻23頁を参照）

と左訓《さくん》（本書28頁参照）をされています。「貪欲」は、むさぼりの心。「ああしたい」、「こうしたい」という私たちの欲望の心です。その罪を消そうという願いのゆえに清浄光明というのだとおっしゃっているのです。
ですから、「清浄光明ならびなし」とは、その願いのはたらきが「ならびなし」とおっしゃっているわけです。では、その「ならびなし」とは、どういうことでしょうか。

ならびなし

今回の和讃は、

清浄光明《しょうじょうこうみょう》無《む》有《う》対《たい》　故《こ》仏《ぶつ》又《う》号《ごう》無《む》対《たい》光《こう》　遇《ぐ》斯《し》光《こう》者《しゃ》業《ごう》繋《け》除《じょ》　是《ぜ》故《こ》稽首《けいしゅ》畢竟《ひっきょう》依《え》

〔訓読〕清浄《しょうじょう》の光明《こうみょう》、対《たい》あることなし。かるがゆえに仏《ぶつ》をまた無対光《むたいこう》と号《ごう》す。この光《ひかり》に遇《もうあ》う者《もの》は業繋《ごうけ》除《のぞ》こる、このゆえに畢竟依《ひっきょうえ》を稽首《けいしゅ》したてまつる。

（『真宗聖典』317頁）

の偈文《げもん》により作られた和讃です。

「清浄光明ならびなし」の「ならびなし」は、もとの偈文では「無有対（対《たい》あることなし）」、そして「無対（光）」です。この「対あることなし」、「対が無い」とはどういうことでしょうか。

そもそも、「対」という字はどういう時に使うのか考えてみましょう。

たとえば、「昨日はホークスがイーグルスに4対3で勝ったね」など、二つのもの（この場合は得点）をならべて比べる時に使います。その他に、「一対《いっつい》」といえば、二つで一組になるものです。また、「対比《たいひ》」という言葉は、二つのものを比べることです。

つまり、二つのものをつり合わせようとしたり、比べたりする時に用いられる字が「対」

なのです。

その「対が無い」のですから、二つのものをつり合わせたり、比べたりすることが無い。その「対」は、「ああしたい」、「こうしたい」という私たちの欲望の心です。その心を明らかにするはたらきを、親鸞聖人は「ならびなし」とうたっておられるのです。

貪欲の罪

このことを、私たち自身にひきあてて考えてみましょう。

私たちの日常はと言いますと、この「二つのものをつり合わせたり、比べたり」ということを繰りかえしています。

「二つのもの」とは、まずは「自分がしたことと他人《ひと》がしたこと」でしょう。「私はこれだけしたのに、あなたはこれだけしかしてくれない…」。

あるいは、「こんなに頑張っているのに、どうして報われないんだろう…」。これも、自分がしたことと、その見返りをつり合わせようとしている。比べているのです。

これは一見、二つのものを比べているように見えます。しかしながら、実際には、「こうあってほしい」、あるいは「これだけのことをしたのだから当然こうなるはずだ」という私の思いを、そうならない現実に対してならべている。あくまでも、現実は一つのはずですが、そこに私の思いを対《なら》べてしまっているのです。これを、親鸞聖人は「貪欲の罪」とおっしゃっているのではないでしょうか。

一切の業繋《ごうけ》ものぞこりぬ

親鸞聖人は、「遇斯光《ぐしこう》のゆえなれば　一切の業繋ものぞこりぬ」と続けられます。「遇斯光」は「斯《こ》の光《ひかり》に遇《あ》う」。阿弥陀仏の清浄の光明に、はからずも照らされるということでしょう。

次の「一切の業繋ものぞこりぬ」の「業繋」に、親鸞聖人は「罪の縄に縛らるるなり」と左訓（本書28頁参照）をされています。ですから、ここでの「業」は「罪業《ざいごう》」のことです。では、「罪業」とは、「罪」とは何なのでしょうか。

人を傷つける罪、生き物を殺《あや》める罪…。私たちは日々罪をつくり続けています。けれども、悪いことをしているんだろうなとは思いながら、「そうは言っても仕方がない」とか、「私より向こうが悪いんだ」と、その罪を誤魔化しながら生きているのではないでしょうか。つまり、罪に対して私の言い訳（思い）をならべて、しかもその思いに縛られている。それが、「罪の縄に縛らるるなり」ということではないでしょうか。

ですから、私たちは、ほんとうに、正面から、我が身の「罪業」に向き合うことはしていないのです。

宮城顗《みやぎしずか》先生は、次のようにおっしゃいます。


今まで罪を本当に我がこととしてひきうけられない心が、我が身をしばっていたのです。つまり、「業繫ものぞこりぬ」とは、実は自らの罪業深重《じんじゅう》のすがたに頭が下がったということです。

（『和讃に学ぶ 浄土和讃』81頁）


私たちは、清浄の光明に出遇《であ》って、はじめて自らの思いに縛られているその心が開かれて、「自らの罪業深重のすがた」を知らされるのです。

畢竟依《ひっきょうえ》を帰命《きみょう》せよ

この和讃は、「畢竟依を帰命せよ」の言葉で結ばれています。「畢竟」とは、「究極の、最後の」という意味です。ですが、単に「私が考える最後の依《よ》り処《どころ》」ということを言っているのではないと思います。そうではなくて、「畢竟」とは、私たちが現実に対して私の思いを対《なら》べている、その心を突き破ってくださっている仏の心なのではないでしょうか。

その突き破るはたらきは、阿弥陀仏の「清浄光明」しかない。これが「畢竟」ということでしょう。

私たちの「対」の心を突き破って私に呼びかけているはたらきが畢竟依です。その呼びかけをいただいて生きてゆきなさいということを、親鸞聖人は「畢竟依を帰命せよ」とうたってくださっているのだと思います。

仏光《ぶっこう》照曜《しょうよう》最第一《さいだいいち》
光炎王仏《こうえんのうぶつ》となづけたり
三塗《さんず》の黒闇《こくあん》ひらくなり
大応供《だいおうぐ》を帰命《きみょう》せよ

（『浄土和讃』、『真宗聖典』479頁）

〔意訳〕
阿弥陀仏《あみだぶつ》の光明《こうみょう》があらゆる人々を照らし耀《かがや》かせるはたらきは、最もすぐれています。ですから、光明の中の王として「光炎王仏《こうえんのうぶつ》」と名づけるのです。この光明は、私たち自身が作り出している地獄《じごく》・餓《が》鬼《き》・畜生《ちくしょう》の三塗《さんず》の暗闇《くらやみ》をあきらかにします。その闇を知らされ（照らし出されて）、供養《くよう》せずにおれない自分に出遇《であ》わせて（耀かせて）くださる阿弥陀仏のはたらきをいただいて生きてゆきなさい。

人生を耀《かがや》かせるということ

仏光照曜最第一《ぶっこうしょうようさいだいいち》

今回の和讃の第一句は、「仏光照曜最第一」の漢字七文字で、七五調にはなっていません。

今回の和讃も、親鸞聖人《しんらんしょうにん》が曇鸞大師《どんらんだいし》の『讃阿弥陀仏偈《さんあみだぶつげ》』により作られた「讃阿弥陀仏偈和讃」ですが、『讃阿弥陀仏偈』の中に、この「仏光照曜最第一」という言葉が出てくるのです。

仏光照耀最第一《ぶっこうしょうようさいだいいち》　故仏又号光炎王《こぶつうごうこうえんのう》　三塗黒闇蒙光啓《さんずこくあんむこうけい》　是故頂礼大応供《ぜこちょうらいだいおうぐ》

〔訓読〕仏光照耀《ぶっこうしょうよう》して最第一《さいだいいち》なり。かるがゆえに仏《ぶつ》をまた光炎王《こうえんのう》と号《ごう》す。三塗《さんず》の黒闇《こくあん》、光啓《こうけい》を蒙《かぶ》る。このゆえに大応供《だいおうぐ》を頂礼《ちょうらい》したてまつる。（『真宗聖典』317頁）

親鸞聖人は、この『讃阿弥陀仏偈』の偈文《げもん》を和《やわ》らげて、和讃にされています。けれども、

「仏光照曜最第二」は、もとの偈文をそのまま使われているのです。ほんとうは、もうちょっと和らげたかったのでしょうが、曇鸞大師のお言葉のままにいただかれて、「仏光照曜最第二」と和讃されているのです。

照らし出されて耀《かがや》く

「仏光」は阿弥陀仏《あみだぶつ》の光明《こうみょう》です。「照曜」は照らし耀かせることです。「最第二」はそのはたらきが最もすぐれているということです。ですから、阿弥陀仏のことを「光炎王仏《こうえんのうぶつ》」と名づけるのです。

「照らし耀かせる」のは仏のはたらきです。その仏のはたらきを受けて「照らし出されて耀く」のは私たちです。私たちは、自分で耀くことはできないのでしょう。「照らし耀かせる」という仏のはたらきを受けて耀くのです。

その「照らし耀かせる」はたらきを受けて耀くということの内容が、この和讃の後半二句に、具体的に述べられています。

三塗《さんず》

まず、「三塗の黒闇《こくあん》ひらくなり」とあります。

「三塗」という言葉は聞かれたことがあるのではないでしょうか。「死んだら三塗の川を渡る」なんて言ったりしますね。けれども「三塗」とは、はたして死んでから渡る川のことなのでしょうか。

「三塗」の「塗」の字は、「氵」と「余」と「土」の部分からできています。水（氵）と土をこねてできた泥をこて（余）でのばすというのがこの字の成り立ちです。だからまずは「ぬる」という意味です。

泥をぬると、凸凹が平らになります。凸凹に泥をぬって平らになると道ができるのです。ですから、「塗」には「道」という意味もあるのです。その道の意味が強調されたのが、「辶」（しんにょう）をつけた「途」なのです。

「三塗」も「三途」も、どちらも同じ意味ですが、親鸞聖人は「三塗」の字を使っています。そして、この「三塗」に、「地獄《じごく》、餓鬼《がき》、畜生《ちくしょう》」と左訓《さくん》（本書28頁参照）をしておられます。

「三塗」、つまり三つの道というのは、「地獄道」、「餓鬼道」、「畜生道」のことなのです。

この三つの道を「三悪道《さんまくどう》」と言います。

三つの悪の道ですが、これを宮城顗《みやぎしずか》先生は、「人間として嫌悪すべき三つのあり方」と教えてくださいました。

「地獄道」は、争いを繰りかえし、お互いに傷つけ合っているあり方。「餓鬼道」は、次から次へと欲しがるばかりで、けっして満足することのないあり方。「畜生道」は、主体的に生きる道を自ら閉ざし、周りに流されて生きるあり方です。

いずれも、今生きている私たちのあり方です。死んでから渡る川ではなく、今の私たちの嫌悪すべきあり方が三途なのです。

そして、「三途の黒闇ひらくなり」ですから、この三途というあり方は闇だというのです。それはどんな闇で、その闇を「ひらく」とはどういうことでしょうか。

闇をひらく

「三途の黒闇ひらくなり」のもとの偈文は、「三塗の黒闇、光啓《こうけい》を蒙《かぶ》る」です。「蒙る」は、「被《かぶ》る」とか「蒙《こうむ》る」という意味です。つまり、身に受ける、身にはたらいてくださるということです。

何が身にはたらいてくださるかといえば、阿弥陀仏の光明が三途の闇というこの身にはたらいてくださる。その光を曇鸞大師は「光啓」とおっしゃっているのです。「光啓」の「啓」の字は「ひらく」という意味があります。そのことを踏まえて、ここでは、「三塗の黒闇ひらくなり」と和讃されたのです。闇をひらいてくださる、つまり闇を知らせてくださるのが阿弥陀の光であると、こうおっしゃっているのではないでしょうか。

では、その闇とは何か。宮城先生が、次のようにおっしゃっています。

ほんとうのいちばん深い闇は、わかっているという思いです。なんでもわかったことにしてしまっている。わかっているつもりでいる。わかったつもりでいるということがいちばんの闇なのです。

（『正信念仏偈講義』第一巻70頁）

わかったつもりで三塗を作り出していることが「黒闇」なのでしょう。阿弥陀仏の光明のはたらきは、わかっていると思い込んでいたのだという、その私の闇を知らせてくださる。ひらいてくださる。この闇を知らされるということが、阿弥陀仏の光明に照らし出されるということなのでしょう。

大応供《だいおうぐ》を帰命《きみょう》せよ

最後に、親鸞聖人は「大応供を帰命せよ」とうたわれています。「応供」の「応」は、相応《ふさわ》しいということです。「供」は、供養《くよう》です。つまり、阿弥陀仏を、供養を受けるに相応しいという意味で「大応供」と呼ぶのです。

では、供養とはどういうことでしょうか。供養のもともとの意味は、ほんとうに大切なものを差し上げるということです。それは、供養したからお返しをしてもらうとか、してもらったことに供養してお返しするということではありません。

むしろ、そういうギブアンドテイク、利害ということばかりで生きている私たちのあり方が、阿弥陀仏の光明に照らし出されて、「三塗の黒闇」として知らされるということなのでしょう。

宮城先生は、次のようにおっしゃいます。

実は供養せずにおれないものに遇《あ》いえたということこそが何よりの利益《りやく》であり、救いであるのです。

（『和讃に学ぶ　浄土和讃』93頁）

「供養せずにおれないものに遇いえた」とは、阿弥陀仏のはたらきによって、供養せずにおれない自分に出遇わせていただいたということでしょう。これが、阿弥陀仏のはたらきをいただいて、この私の人生を耀かせるということではないでしょうか。

親鸞聖人は、そのような人生を歩んでゆきなさいと、力強く、この和讃を通してうたってくださっているのだと思います。

安楽《あんらく》声聞《しょうもん》菩薩《ぼさつ》衆《しゅ》
人天《にんでん》智慧《ちえ》ほがらかに
身相《しんそう》荘厳《しょうごん》みなおなじ
他方《たほう》に順《じゅん》じて名《な》をつらぬ

（『浄土和讃』、『真宗聖典』480頁）

〔意訳〕
極楽浄土《ごくらくじょうど》に生まれた声聞《しょうもん》や菩薩《ぼさつ》がた、そして人間も天の神々も、すべていずれも阿弥陀仏《あみだぶつ》の智慧《ちえ》をいただいてほがらかです。その姿形《すがたかたち》は、みな阿弥陀仏と同じですが、私たちにわかりやすいように、娑婆《しゃば》世界での名を列《つら》ねているのです。

私をほがらかにする智慧《ちえ》

浄土《じょうど》の聖衆《しょうじゅ》の徳

親鸞聖人《しんらんしょうにん》は、曇鸞大師《どんらんだいし》の『讃阿弥陀仏偈《さんあみだぶつげ》』によって、48首の「讃阿弥陀仏偈和讃」を作られました。その48首のうち、最初の13首が阿弥陀仏《あみだぶつ》の徳を讃《たた》える和讃で、そこから、これまで4首の和讃を取り上げました。

残りの35首のうち、19首が浄土におられる聖衆の徳を讃える和讃で、16首が浄土の徳を讃え、信心《しんじん》を得た人の利益《りやく》をうたう和讃です。

今回の和讃は、浄土におられる聖衆の徳を讃える和讃です。つまり、浄土に生まれるということはどういうことなのか、浄土のさとりはどのようなものなのか、ということがうたわれているのです。

声聞《しょうもん》、菩薩《ぼさつ》、人天《にんでん》

前半の二句は、「安楽声聞菩薩衆《あんらくしょうもんぼさつしゅ》　人天智慧《にんでんちえ》ほがらかに」です。

「安楽」は、極楽浄土のことです。その極楽浄土には、「声聞菩薩衆」、声聞も、菩薩も、そして「人天」、人間も天人《てんにん》も生まれてゆくのです。

「声聞」は、教えを聴聞《ちょうもん》する者という意味ですが、大乗仏教《だいじょうぶっきょう》の立場からは、自己のさとり（自利《じり》）だけを求めて衆生《しゅじょう》の救済（利他《りた》）の行《ぎょう》を欠いた者として厳しく批判される存在です。しかしながら、阿弥陀仏は、そのような声聞も極楽浄土に生まれさせようと誓われているのです。

「菩薩」は「菩提《ぼだい》（さとり）」を求める「薩埵《さった》（衆生）」という意味で、自己のさとり（自利）と衆生の救済（利他）を行ずる者のことです。

そのような声聞と菩薩に加えて、「人」と「天」、つまり私たち凡夫《ぼんぶ》である人間も、天の神々も、すべて浄土に生まれてゆくのです。

それぞれ、生まれてゆくご縁は違うけれども、生まれたならば、すべていずれも阿弥陀仏の智慧をいただいてほがらかなのだとうたわれます。

青色青光《しょうしきしょうこう》

三句目の「身相荘厳《しんそうしょうごん》みなおなじ」は、浄土に生まれた方々のお姿は、阿弥陀仏と平等で異なりがないということです。しかしながら、これは、みんな同じ姿形をしているということではありません。「身相荘厳」の「荘厳」は、「かたちを超えたものをあらわすかたち」という意味です。みな、同じように、阿弥陀仏の智慧のはたらきをいただいているのだということでしょう。

阿弥陀仏の智慧のはたらきをいただくと、どうなるのでしょうか。『仏説阿弥陀経《ぶっせつあみだきょう》』には、浄土にある蓮《はす》の花について次のように説かれています。

青色青光《しょうしきしょうこう》、黄色黄光《おうしきおうこう》、赤色赤光《しゃくしきしゃっこう》、白色白光《びゃくしきびゃっこう》。

〔訓読〕青き色には青き光、黄なる色には黄なる光、赤き色には赤き光、白き色には白き光あり。

（『真宗聖典』126頁）

青い色は青く光り、黄色い色は黄色く光り、赤い色は赤く光り、白い色は白く光る。それぞれが、それぞれに、それぞれの色をかがやかせている。

これはつまり、それぞれが、それぞれに、それぞれのままで尊いということでしょう。

まったく、ほかと比べる必要がない、何かを足す必要がない、そのままで尊いということでしょう。そのような世界が、浄土の世界なのです。

この私への呼びかけ

四句目の「他方《たほう》に順《じゅん》じて名《な》をつらぬ」の「他方」は、極楽浄土の他方ですから、私たちの住む娑婆《しゃば》世界です。極楽浄土の様子は、「身相荘厳みなおなじ」で、まったく異なりがないわけですが、それでは娑婆世界の私たちにはわからないので、私たちにもわかるように、お経《きょう》には浄土に生まれた方々の名前を出して説かれているのだということです。

お経というのは、亡くなられた方のために僧侶《そうりょ》に読んでもらうものではありません。真宗大谷派の先学である蓬茨祖運《ほうしそうん》先生（1908〜1988）は、次のようにおっしゃっています。

実はお経と申しますのは、我々が生まれてきたこの人生の、いろんな苦しみというものを、本当に明るく照らしだしてくださる仏さまのお言葉が、つまりお経でございます。

（『蓬茨祖運集』下巻29頁）

ですから、このようにお経に浄土の様子が説かれているということは、この私に、「浄土とはこのようなところなのですよ」、「あなたのいる娑婆世界はこのような苦しみの世界なのですよ」、「浄土に生まれようと願ってくださいね」、と呼びかけてくださっているということでしょう。

浄土に生まれるということはどういうことなのか、浄土のさとりはどのようなものなのか。そのことが説かれているお経（『仏説無量寿経《むりょうじゅきょう》』）にもとづいて、親鸞聖人は、和讃を作ってくださっているのです。

闇を照らす智慧の光

親鸞聖人は「智慧ほがらかに」とうたっておられますが、曇鸞大師のもとの偈文《げもん》は、

智慧ことごとく洞達《とうだつ》せり。

（『真宗聖教全書一』356頁）

という言葉です。

「洞達」の「洞」は、もとは「水が通りぬけるほらあな」（洞窟、空洞）という意味で、そこ

から、「とおる」「つらぬく」「見ぬく」(洞察)という意味が出てきます。「洞達」の「達」にも、「とおる」「いたる」「つらぬく」の意味があります。

つまり、浄土に生まれた者には、阿弥陀仏の智慧のはたらきが「つらぬく」のだということでしょう。

これまで読んできた和讃で見てきたように、智慧のはたらきは光にたとえられます。光は闇を照らします。闇は、私たちの「無明《むみょう》」です。

人間の知恵を依《よ》り処《どころ》として、思い通りにならないことを思い通りにしたいという心で苦しんでいる。そしてそのことに気がつかないでいる。その無明の闇に生きているのが私たちです。その無明の闇に生きていることを知らせてくださるはたらきが、智慧の光です。

蓬茨先生は、無明とは、「本当は暗い世界を明るいと思っていること」だと教えてくださいました。私たちは、智慧の光に照らされて、「明るいと思っていた世界が暗闇であった」と知らされるのです。

智慧ほがらかに

続けて、今まで見ていた世界が暗闇だと知らされたということは、いよいよもっと明るくなったという意味が出てくるのだと、蓬茨先生は教えてくださっています。明るくなるといっても、けっして何か状況が変わるわけではありません。暗い部屋に電気をつければ、部屋が明るくなります。けれども、部屋の中のものは何も変わりません。何かが足されるわけではないのです。

「洞達」の「洞」のもとの意味は、「ほらあな」という意味でした。中身は何もないのです。けれども、その智慧が私を明るくさせる。その智慧に照らされて、自分の思いに縛られている心が開かれて、ほがらかになるのです。

そのような智慧のはたらきを、親鸞聖人は「智慧ほがらかに」とうたってくださっているのです。

七宝樹林《しっぽうじゅりん》くににみつ
光耀《こうよう》たがいにかがやけり
華菓枝葉《けかしよう》またおなじ
本願功徳聚《ほんがんくどくじゅ》を帰命《きみょう》せよ

（『浄土和讃』、『真宗聖典』482頁）

〔意訳〕
極楽浄土《ごくらくじょうど》は宝の樹々《きぎ》（宝樹《ほうじゅ》）で満ちあふれています。そのそれぞれの宝樹の光がお互いを耀《かがや》かせ合い、それぞれの樹の中でも、華や木の実、枝や葉っぱまでもがお互いを耀かせ合っています。そのようなかぎりない功徳《くどく》の世界をいただいて生きてゆきなさい。

お互いを耀《かがや》かせ合う世界

浄土《じょうど》の徳

これまで、曇鸞大師《どんらんだいし》の『讃阿弥陀仏偈《さんあみだぶつげ》』によって親鸞聖人《しんらんしょうにん》が作られた「讃阿弥陀仏偈和讃」の中から、阿弥陀仏《あみだぶつ》の徳を讃《たた》える和讃と浄土におられる聖衆《しょうじゅ》の徳を讃える和讃を読んできました。

これらの和讃に続いて、親鸞聖人は阿弥陀仏と聖衆がおられる、その浄土そのものの徳を讃える和讃を16首作られています。これから読む和讃は、その1首です。阿弥陀仏がお建《た》てになった極楽浄土《ごくらくじょうど》は、どのような世界としてうたわれているのでしょうか。

極楽浄土の宝樹《ほうじゅ》

はじめに、「七宝樹林《しっぽうじゅりん》くににみつ」とあります。「くに」は、極楽浄土です。極楽浄土には、七つの宝で出来た樹々（宝樹《ほうじゅ》）が満ちあふれています。

七つの宝は、「金《こん》・銀《ごん》・瑠璃《るり》・玻瓈《はり》・珊瑚《さんご》・碼碯《めのう》・硨磲《しゃこ》」で、『仏説無量寿経《ぶっせつむりょうじゅきょう》』には、「金の樹、銀の樹、瑠璃の樹…というように一つの宝だけでできた樹もあり、二つの宝や三つの宝から七つの宝までいろいろにまじりあってできた樹もあるのです」と説かれています（『真宗聖典』33頁取意）。

それが、「七宝樹林くににみつ」とうたわれているのです。

光耀《こうよう》たがいにかがやけり

続けて、親鸞聖人は、「光耀《こうよう》たがいにかがやけり」とうたわれます。極楽浄土の宝樹が光明《こうみょう》を放ち、互いに耀《かがや》いているというのです。

曇鸞大師のもとの偈文《げもん》は、

光耀鮮明《せんみょう》にして相映発《あいえいはつ》す。

（『真宗聖教全書一』362頁）

という言葉です。「映発」の「映」の字は、「映《うつ》る」とも読みますし、「映《は》える」とも読みます。

「映《うつ》る」とは、「光や色が反射する。光や色調がうかび出る」という意味ですし、「映《は》える」

とは「照りかがやく。色があざやかに見える」という意味です。漢和辞典で字の成り立ちをみると、漢字の右側の「央」は「もりあがる」の意味で、「他から光を受けて、そのものが本来もつ色彩がもりあがってはっきり見える、はえるの意味を表す」(『新漢語林』)と解説されています。

「他から光を受けて」とあります。また、「そのものが本来もつ色彩がもりあがってはっきり見える」とあります。極楽浄土にある樹々(宝樹)は、他から光を受けて、その本来性が引き出され耀いているのです。

つまり、「映発」とは、お互いに耀かせ合っているということでしょう。自分で耀くのではない。お互いがお互いを耀かせ合っている。そのような浄土のありさまが、「光耀たがいにかがやけり」とうたわれているのです。

お経《きょう》に説かれる宝樹

続けて三句目は、「華菓《けか》枝葉《しよう》またおなじ」です。宝樹がお互いを耀かせ合っているのと同じく、それぞれの樹の中でも、華や木の実、枝や葉っぱまでもがお互いを耀かせ合っているのです。

和讃では「華華枝葉またおなじ」のひと言ですが、『仏説無量寿経』では、次のように説かれています。

あるいは宝樹《ほうじゅ》あり、紫金《しこん》を本《もと》とし、白銀《びゃくごん》を茎《くき》とし、瑠璃《るり》を枝《えだ》とし、水精《すいしょう》を条《こえだ》とし、珊《さん》瑚《ご》を葉《は》とし、碼碯《めのう》を華《はな》とし、硨磲《しゃこ》を実《み》とす。あるいは宝樹あり、白銀を本とし、瑠璃を茎とし、水精を枝とし、珊瑚を条とし、碼碯を葉とし、硨磲を華とし、紫金を実とす。あるいは宝樹あり、……

（『真宗聖典』33～34頁）

このように、同じような内容が繰りかえし繰りかえし説かれています。ある意味、冗長とも思える文が、お経の中で繰りかえされているのはなぜなのでしょうか。

さきに、蓬茨祖運《ほうしそうん》先生が、お経とは「我々が生まれてきたこの人生の、いろんな苦しみというものを、本当に明るく照らしだしてくださる仏さまのお言葉」であると述べられたことに触れました。

私たちは、このお経の言葉を、頭で理解しようと（目で）読むのではなく、読誦《どくじゅ》される声として（耳で、あるいは身体で）聞かせていただきます。お経の中で繰りかえし繰りかえし説かれている、お互いを耀かせ合う浄土のありさまを聞かせていただく中で、ひるがえって、お互いに傷つけ合っている私たちの姿が照らし出されてくるということがあるのではないでしょうか。

周りと自分との出遇《であ》い

さらにいえば、このお互いに傷つけ合っている私たちのありさまを、阿弥陀如来の光は照らし続けてくださっていたのだと気づかされるのでしょう。そしてその気づきが、周りの人々との出遇い、さらには自分自身との出遇いを生み出してゆく。

宮城顗《みやぎしずか》先生は、次のようにおっしゃいます。

> われわれが光明をこうむるというときには、それこそ自分が照らし出されるということと同時に自分が立っているその場のすべての状況を知らされるということがあるわけです。状況の中で自分というものを照らし出され、自分というものを知らされたとき、周りにいる人々に目覚めるということが起こってまいります。つまり、周りにいる人々と同時に自分を見い出してくる、そういう世界が光明無量《こうみょうむりょう》の世界でしょう。（『親鸞思想の普遍性』78頁）

自分の思いで周りを見ている限り、そこには、自分の思いに合うか合わないかということしかないのではないでしょうか。そして、私たちは、自分の思いで周りを見ているということすらわかっていません。それが無明《むみょう》です。

この無明によって、私たちはお互いに傷つけ合っているのです。そして、その無明を照らすのが光明として表現されている智慧《ちえ》のはたらきなのです。

お互いを耀かせ合う世界

無明を知らされるところに、周りと出遇い、自分と出遇っていく道が開かれてくる。そのような智慧のはたらきに満たされた世界が極楽浄土であるとうたわれているのが、この和讃ではないでしょうか。

和讃は最後に、「本願功徳聚《ほんがんくどくじゅ》を帰命《きみょう》せよ」と結ばれます。どこまでもわれら衆生《しゅじょう》に寄り添い、無明を知らせる智慧のはたらきに満たされた世界。お互いを耀かせ合う世界。

この私に願われ、はたらき続けている、そのような功徳の世界をいただいて生きてゆきなさい。

そのことを、親鸞聖人はこの和讃でうたってくださっているのだと思います。

尊者《そんじゃ》阿難《あなん》座《ざ》よりたち
世尊《せそん》の威光《いこう》を瞻仰《せんごう》し
生希有心《しょうけうしん》とおどろかし
未曾見《みぞうけん》とぞあやしみし

（『浄土和讃』、『真宗聖典』483頁）

〔意訳〕
阿難尊者《あなんそんじゃ》は、思わず座より起《た》ち上がり、釈尊《しゃくそん》の光り耀《かがや》くお姿を仰《あお》ぎ見て、このようなお姿はこれまで見たことがないと、今までまったく感じたことのない驚きの心が生じ、その不思議さに引き込まれる気持ちがおこりました。

起《た》ち上がらせる世界

「浄土三部経《じょうどさんぶきょう》」

これまで読んできた「讃阿弥陀仏偈和讃《さんあみだぶつげわさん》」に続いて、親鸞聖人《しんらんしょうにん》は、「浄土三部経」のこころをうたった和讃を作られています。

「浄土三部経」は、親鸞聖人の師である法然上人《ほうねんしょうにん》が『選択本願念仏集《せんじゃくほんがんねんぶつしゅう》』において、

> 三経《さんぎょう》というは、一《ひとつ》には『無量寿経《むりょうじゅきょう》』、二《ふたつ》には『観無量寿経《かんむりょうじゅきょう》』、三《みっつ》には『阿弥陀経《あみだきょう》』なり。
>
> （『真宗聖教全書一』931頁）

とおっしゃっているように、『仏説《ぶっせつ》無量寿経』（『大経《だいきょう》』）、『仏説観無量寿経』（『観経《かんぎょう》』）、『仏説阿弥陀経』（『阿弥陀経』）の三部のお経です。

親鸞聖人は、この「浄土三部経」にもとづく和讃を、それぞれ、「大経意《だいきょうのこころ》」として22首、「観経意《かんぎょうのこころ》」として9首、「弥陀経意《みだきょうのこころ》」として5首、作っておられます。これを「三経《さんぎょう》和讃」と呼んでいます。

この三部のお経の中でも、親鸞聖人は特に、『仏説無量寿経』を『大無量寿経《だいむりょうじゅきょう》』あるいは『大経』と呼ばれ、大切にされています。『顕浄土真実教行証文類《けんじょうどしんじつきょうぎょうしょうもんるい》』(『教行信証《きょうぎょうしんしょう》』)のはじめに、

大無量寿経　真実の教《きょう》
　浄土真宗《じょうどしんしゅう》

(『真宗聖典』150頁)

と掲げ、『大無量寿経』にこそ「真実の教」が顕《あき》らかにされているのであり、その教えに生きる道が「浄土真宗」であると示されているのです。

阿難《あなん》の問い

『大無量寿経』は、阿難の問いからはじまります。『教行信証』の「教巻《きょうのまき》」には、その阿難の問いが最初に引用されています。

『大無量寿経』に言《のたま》わく、今日世尊《こんにちせそん》、諸根悦予《しょこんえつよ》し姿色清浄《ししきしょうじょう》にして、光顔魏魏《こうげんぎぎ》とましますこと、明らかなる鏡、浄《きよ》き影表裏《かげひょうり》に暢《とお》るがごとし。威容顕曜《いようけんよう》にして、超絶《ちょうぜつ》したまえる

こと無量《むりょう》なり。未《いま》だかつて瞻覩《せんと》せず、殊妙《しゅみょう》なること今《きょう》のごとくましますをば。

（『真宗聖典』152～153頁）

〔意訳〕『大無量寿経』に阿難の言葉がこう説かれています。今日のお釈迦《しゃか》様は全身がよろこびに満ちあふれ、すがたかたちはきよらかで、光り耀《かがや》くお顔は高くそびえるおごそかなお山のようです。それはまるで、鏡にそのお姿が表裏なくすべて映し出されているかのようです。すばらしいお姿は光り耀き、はるかに超えて量《はか》ることもできません。このようなお姿は、今まで見たことがありません。

阿難という方は、仏弟子の中でも「多聞第一《たもんだいいち》」と呼ばれるお弟子さんで、釈尊《しゃくそん》の側《そば》にずっと付き従い、誰よりも釈尊の言葉を聞き、そして覚えておられた方でした。けれども同時に、なかなかさとりを開くことができず、釈尊在世のあいだ、ついに最後までさとりを開くことができなかったと言われています。

その阿難の問いからはじまり、阿難に説かれたお経が『大無量寿経』なのです。

阿難はいつもと違う釈尊の姿に気づきます。それは、「全身がよろこびに満ちあふれ、すがたかたちはきよらかで、光り耀くお顔は高くそびえるおごそかなお山のよう」なお姿です。

このように、釈尊がいまだかつて見たことのないようなお姿をされているのは一体どういうわけであるのか。そのような問いを阿難が発するところから、『大無量寿経』がはじまるのです。

その阿難の問いを取り上げた和讃、『大無量寿経』にもとづく「大経和讃」の1首目が、今回読む和讃です。

阿難を起《た》ち上がらせ、問わせたもの

はじめに、「尊者阿難座よりたち」とあります。他の仏弟子方と共に釈尊の前におられた阿難が、思わず起ち上がります。釈尊がいまだかつて見たことのないような光り耀くお姿をされているのに驚き、問わずにはいられなくなったのです。

その釈尊のお姿を仰ぎ見たことが二句目に、「世尊《せそん》の威光《いこう》を瞻仰《せんごう》し」とうたわれ、そのお姿を仰ぎ見たことへの感動が三句目以降に、「生希有心《しょうけうしん》とおどろかし　未曾見《みぞうけん》とぞあやしみし」とうたわれているのです。

三句目の「おどろかし」は、阿難自身が驚いたということです。また、四句目の「あやしみし」は、現代語の「あやしい」という意味ではありません。辞書には、「自分の解釈し得ず、不思議と感じる異常なものに心をひかれて、アヤと声を立てたい気持をいうのが原義」とあり、一番目の意味として、「不思議さに引きつけられ、引き込まれるような気持になる」とあります（『岩波古語辞典』）。

「おどろかし」も「あやしみし」も、不思議なるものに出遇《であ》って生まれた感動の心が表現されているのでしょう。

では、阿難が出遇ったその釈尊のお姿、そのお姿の上に現れた不思議なるもの、問わずにはいられなくなったものとはいったい何だったのでしょうか。

起ち上がらせる世界

先ほども述べたように、阿難は、釈尊の側にずっと付き従い、誰よりも釈尊の言葉を聞かれた方でした。それだけずっと側にいながら、今まで見たことのない釈尊のお姿に、今はじめて出遇われた。そしてそのお姿に、思わず起《た》たしめられ、問わしめられた。

阿難が出遇ったものは、人としての釈尊ではなく、釈尊の上に現れ、阿難を起ち上がらせ、問わせたはたらきそのものなのでしょう。そして、そのはたらきそのものを「阿《あ》弥陀《みだ》」というのでしょう。

釈尊は、その阿難の問いを吟味した上で、阿難が問いを起こしたことをたいへんよろこばれます。

善きかなや。阿難。問いたてまつるところ、甚《はなは》だ快し。

（『真宗聖典』8頁）

そして阿弥陀仏のことが説き出されるのです。

阿難、あきらかに聴《き》け。今、汝《なんじ》がために説かん。

（同前）

阿難が起たしめられた。そこにすでにはたらいているものがある。起ち上がらせる世界、起ち上がることのできる力強い世界。そして、その世界のいわれを聞いていくのが聞法《もんぽう》なのでしょう。

その聞法のはじまりに出遇わせていただいた。『大無量寿経』というお経（真実の教え・浄土真宗）に出遇わせていただいた。今回の和讃は、親鸞聖人がその出遇いの感動をうたわれた和讃なのだと思います。

善知識《せんじしき》にあうことも
おしうることもまたかたし
よくきくこともかたければ
信《しん》ずることもなおかたし

（『浄土和讃』、『真宗聖典』485頁）

〔意訳〕
私にとっての善知識《せんじしき》に出遇《であ》うことも、そのことを人に伝えていくことも難しいのです。教えを聞くことも難しく、いわんやその教えを信じることもなお難しいのです。

願いをいただいていく道

五つの難《なん》

引き続き、親鸞聖人《しんらんしょうにん》が『大無量寿経《だいむりょうじゅきょう》』のおこころを和讃にされた「大経和讃《だいきょう》」を取り上げます。今から読むのは、『大無量寿経』の「流通分《るずうぶん》」と呼ばれる部分の和讃です。

お経《きょう》は、一般的に「序分《じょぶん》」、「正宗分《しょうじゅうぶん》」、「流通分」に分けられます。「序分」は、そのお経が説かれる由来・因縁《いんねん》が述べられます。「正宗分」は、そのお経の中心となる教えが説かれます。そして最後に「流通分」では、そのお経が遠く後の世までも弘《ひろ》まるようにとのおこころが説かれるのです。『大無量寿経』の「流通分」に、次のように説かれています。

仏《ぶつ》、弥勒《みろく》に語りたまわく、「如来《にょらい》の興世《こうせ》、値《あ》い難《がた》く見《み》たてまつり難《がた》し。諸仏《しょぶつ》の経道《きょうどう》、得《え》難《がた》く聞《き》き難《がた》し。菩薩《ぼさつ》の勝法《しょうほう》、諸波羅蜜《しょはらみつ》、聞くことを得ることまた難《かた》し。善知識《ぜんじしき》に遇《あ》い、法《ほう》を聞《き》きて能《よ》く行《ぎょう》ずること、これまた難《かた》しとす。もしこの経《きょう》を聞《き》きて信楽受持《しんぎょうじゅじ》すること、難《かた》きが中《なか》に難《かた》し、これに過《す》ぎて難《かた》きことなし。

（『真宗聖典』87頁）

〔意訳〕釈尊《しゃくそん》が弥勒菩薩《みろくぼさつ》に語られました。「如来《にょらい》に値《あ》うことは難しいのです。諸仏《しょぶつ》の教えを聞くことも難しいです。菩薩のすぐれた教えや行を聞くことも難しいです。善知識《ぜんじしき》に遇《あ》い、教えを聞いて行ずることがまた難しいのです。この経を聞いて、信じて受け持《たも》つことは、難しい中にも最も難しく、これより難しいことはないのです。

ここでは、「仏《ぶつ》に値うことの難」、「仏の教えを聞くことの難」、「菩薩の教えや修行を聞くことの難」、「善知識に遇うことの難」、「教えを聞いて信じて受け持つことの難」という、五つの難が説かれています。その四つ目の「善知識に遇うことの難」を和讃にされたのが、今回の和讃です。

善知識に遇うことの難

まず、「善知識」とは何でしょうか。仏教でいう「知識」は、今使われている「知識」という言葉の意味ではなく、友だちのことです。仏教の正しい道理を教え、仏教に正しく導いてくれる友だちが「善知識」なのです。

仏教に正しく導くとは、それこそ、何らかの役に立つ「知識」を与えるということではなく、ほんとうに人間として生きていく、人間としての自覚を開いていく、そういう道に導くということでしょう。

はじめに、「善知識にあうことも　おしうることもまたかたし」とうたわれます。「あう」は、もとのお経の言葉は「遇う」です。この「遇う」には、「たまたまであう」、「思いがけずであう」という意味があります。予定をして、であうのではない。たまたま、思いがけずであったものが善知識（私を仏教に導いてくださっている方）であった、ということでしょう。

ですからそれは、どこかにおられる「偉い先生」ではないのでしょう。たとえば、私に先立って亡くなっていかれた方が、私が仏法を聞いていくご縁となってくださっている、ということではないでしょうか。

そのことに気がつくことはとても難しいことである。そしてまた、そのことを人に伝えていくことも難しいのであると言われているのです。

そしてさらに、「よくきくこともかたければ　信ずることもなおかたし」と、ほんとうに教えを聞いていくことも、いわんや、その教えを信じることも難しいのであるというのです。

難の中の難

先ほど『大無量寿経』に五つの難が説かれていることを見ました。最後の「難《かた》きが中《なか》に難《かた》し、これに過《す》ぎて難《かた》きことなし（難中之難《なんちゅうしなん》、無過此難《むかしなん》）」について、親鸞聖人は、次の和讃にうたわれています。

一代諸教《いちだいしょきょう》の信《しん》よりも　弘願《ぐがん》の信楽《しんぎょう》なおかたし
難中之難《なんちゅうしなん》とときたまい　無過此難《むかしなん》とのべたまう
（『真宗聖典』485頁）

また、「正信偈《しょうしんげ》」には、

弥陀仏本願念仏《みだぶつほんがんねんぶつ》　邪見憍慢悪衆生《じゃけんきょうまんあくしゅじょう》　信楽受持甚以難《しんぎょうじゅじじんになん》　難中之難無過斯《なんちゅうしなんむかし》

〔訓読〕弥陀仏《みだぶつ》の本願念仏《ほんがんねんぶつ》は、邪見憍慢《じゃけんきょうまん》の悪衆生《あくしゅじょう》、信楽受持《しんぎょうじゅじ》すること、はなはだもって難《かた》し。難《なん》の中《なか》の難《なん》、これに過《す》ぎたるはなし。
（『真宗聖典』205頁）

とうたわれます。『大無量寿経』の「流通分」のおこころを、「阿弥陀仏《あみだぶつ》の本願念仏の教えを信じて受け持《たも》つことは難の中の難である」とうたわれているのです。

なぜ、これほどまでに強く、教えを信じて受け持つことが難しいと、「流通分」に説かれているのでしょうか。

願いをいただいていく道

その理由を、親鸞聖人は、「正信偈」において、「邪見憍慢悪衆生」と示されています。仏教学を学ばれ、親鸞聖人についての著作も多い古田和弘《ふるたかずひろ》先生は、次のように解説をしてくださっています。

「邪見」とは、真実に背《そむ》いたよこしまな考え方です。また「憍慢」は、自ら思い上がり、他を見下して満足する心のはたらきです。すなわち衆生は、邪見にとらわれ、自分を思い高めて、阿弥陀仏が願われている願いに背を向けているのです。罪悪深重《ざいあくじんじゅう》の凡夫《ぼんぶ》なのです。

（『親鸞の「いのちの歌」正信偈入門』170～171頁）

教えそのものが難しいのではなく、その教えを「邪見」、「憍慢」の心が邪魔をして、素直に受け取ることができないでいる。阿弥陀仏が願われている願いに背を向けている。背いている。それが私たちの姿です。その私たちの姿を「悪衆生」と言われているのです。私たちは、仏の教えも聞くことができるはずだし、信じることができるはずだと思っています。けれども、そう思っていることが、実は阿弥陀仏の願いに背いていることになるのです。

仏の教えを自分の力で聞くことができ、信じることができる。そう思っているかぎりにおいて、ほんとうには仏の教えを聞くことも、信ずることもできないのです。今回の和讃でいえば、善知識、あるいは善知識の教えに遇うこと、教えること、聞くこと、信ずることは、どれ一つをとっても私の力で成り立つものはないのでしょう。

そのことが思い知らされたところに、はじめて、ただただ阿弥陀仏から差し向けられている願い（南無阿弥陀仏《なむあみだぶつ》）をいただいていく道が開かれてくるのです。

その道を私たちに知らせ、遠く後の世まで弘まるようにとの願いを、親鸞聖人は、この和讃でうたわれているのです。

十方《じっぽう》微塵《みじん》世界《せかい》の
念仏《ねんぶつ》の衆生《しゅじょう》をみそなわし
摂取《せっしゅ》してすてざれば
阿弥陀《あみだ》となづけたてまつる

（『浄土和讃』、『真宗聖典』486頁）

〔意訳〕
どのようなところであっても、そこに生きる苦悩の衆生《しゅじょう》をけっして見捨てることなく照らし続けてくださっているはたらきを、阿弥陀《あみだ》と名づけお呼びするのです。

阿弥陀《あみだ》の呼びかけ

『仏説阿弥陀経《ぶっせつあみだきょう》』 今回の和讃は、親鸞聖人《しんらんしょうにん》が『仏説阿弥陀経』（『阿弥陀経』）のおこころを和讃にされた「弥《み》陀経《だきょう》和讃」です。

『阿弥陀経』は、釈尊《しゃくそん》が舎衛国《しゃえこく》の祇樹給孤独園《ぎじゅぎっこどくおん》（祇園精舎《ぎおんしょうじゃ》）において、弟子の舎利弗《しゃりほつ》を対告衆《たいごうしゅ》（相対《あいたい》して教えを告《つ》げられる者）として説かれたお経です。極楽浄土《ごくらくじょうど》と阿弥陀仏《あみだぶつ》のことが説かれ、その極楽浄土へ生まれてゆくことが勧められます。ご法事などで読まれることも多く、「浄土三部経《じょうどさんぶきょう》」の中でも、親しみのある経典《きょうてん》でしょう。

その『阿弥陀経』の中には、釈尊が舎利弗に、

舎利弗、汝《なんじ》が意《こころ》において云何《いかん》。

〔意訳〕舎利弗よ、おまえはどう思っているのか。

という言葉で問いかけられるところが二箇所あります（『真宗聖典』128頁、132頁）。この「汝が意において云何」という言葉は、これから大切なことが説かれるぞ、ということを表明している言葉です。

なぜ阿弥陀と名づけるのか

この「汝が意において云何」という言葉に続いての一つ目の問いかけが、阿弥陀仏についての問いです。

かの仏《ぶつ》を何のゆえぞ阿弥陀と号《ごう》する。（『真宗聖典』128頁）

〈意訳〉なぜ西方《さいほう》の仏さまを阿弥陀と名づけるのだろう。

この問いかけに、釈尊は舎利弗の答えを待たずに、次のように続けられます。

舎利弗、かの仏の光明《こうみょう》、無量《むりょう》にして、十方《じっぽう》の国を照らすに、障碍《しょうげ》するところなし。このゆえに号して阿弥陀とす。また舎利弗、かの仏の寿命《じゅみょう》およびその人民《にんみん》も、無量無辺阿僧祇劫《あそうぎこう》なり、かるがゆえに阿弥陀と名づく。（同前）

〔意訳〕舎利弗よ、かの仏さまは、その光明が無量で、十方の国を照らすのに碍《さわ》りがありません。また舎利弗よ、かの仏さまの寿命も、その国の人びとの寿命も無量なのです。だから阿弥陀と名づけるのです。

このように、いま引用した部分の前半には光明の無量が説かれ、後半には寿命の無量が説かれています。光明が無量で、寿命が無量であるから阿弥陀と名づけるのだと、『阿弥陀経』には説かれているのです。

善導大師《ぜんどうだいし》の問い直し

さて、しかしながら、今回の和讃は『阿弥陀経』のおこころをうたわれた和讃であるにもかかわらず、直接『阿弥陀経』の言葉が用いられるのは、四句目の「阿弥陀と名づけたてまつる」だけです。

実は、はじめの三句は、『仏説観無量寿経《かんむりょうじゅきょう》』（『観無量寿経』）に出てくる言葉なのです。

一一《いちいち》の光明遍《あまね》く十方世界を照らす。念仏《ねんぶつ》の衆生《しゅじょう》を摂取《せっしゅ》して捨てたまわず。

（『真宗聖典』105頁）

この『観無量寿経』の言葉に注目をされたのは善導大師でした。善導大師は『往生礼讃《おうじょうらいさん》』に次のように述べています。

問うて曰《いわ》く、何が故ぞ阿弥陀と号する。答えて曰く、『弥陀経《みだきょう》』及び『観経《かんぎょう》』に云《い》わく、かの仏の光明は無量にして、十方国を照らすに障碍《しょうげ》する所なし。（『真宗聖教全書一』653頁）

〈意訳〉問うていうには、なぜ阿弥陀と名づけるのであろうか。答えていうには、『阿弥陀経』および『観無量寿経』に次のように説かれています。かの仏さまは、その光明が無量で、十方の国を照らすのに碍《さわ》りがありません。

ここまでは『阿弥陀経』に説かれていることとまったく同じです。しかし、「『弥陀経』及び『観経』に云わく」とあるように、『観無量寿経』によって、次の言葉が続けられているのです。

ただ念仏の衆生を観《みそな》わして、摂取して捨てざるが故に阿弥陀と名づく。（同前）

〈意訳〉ただ念仏の衆生をご覧になって、摂《おさ》め取って捨てないがゆえに、阿弥陀と名づけるのです。

このように、善導大師は、「なぜ阿弥陀と名づけるのか」という『阿弥陀経』の問いを、『阿弥陀経』と『観無量寿経』の言葉で答えられているのです。つまり、この問いを、あらためて自分自身に引き当てて問い直されたということでしょう。

そして、この善導大師の「ただ念仏の衆生を観わして、摂取して捨てざるが故に」によって、親鸞聖人は今回の和讃を作られたのです。

念仏の衆生

私たちは、「阿弥陀」と聞くと、そのような仏さまがどこかにおられて、無量の光明を放《はな》っておられるのだろうと考えます。けれども、そうではなく、無量の光明のはたらきを「阿弥陀」と言うのです。

しかも、その無量の光明のはたらきとは、この私を見捨てることなく照らし続けているはたらきです。この私を救うはたらきそのものが阿弥陀なのです。

もとの『阿弥陀経』の経文では、「号して阿弥陀とす」、「阿弥陀と名づく」と説かれています。「号」の字は、「大声でさけぶ」という意味です。自分で名告《なの》るのが「号」です。阿弥陀仏は、「南無阿弥陀仏《なむあみだぶつ》」の「名」となって、この私に呼びかけてくださっているはたらきなのです。そして、そのはたらきを「名号《みょうごう》」と言うのです。

その「名号」をいただいていくのが「念仏の衆生」でしょう。これも単に、「念仏する衆生」ということではないと思います。金子大榮《かねこだいえい》師は、

念仏の衆生というは、念仏よりほかに救いのない衆生ということでありましょう。

（『三経和讃講話』242頁）

とおっしゃっています。和讃では、「念仏の衆生」は、「十方微塵世界《じっぽうみじんせかい》の念仏の衆生」です。「十方微塵世界」の「十方」は、ありとあらゆる方向ということです。「微塵世界」とは、こまかな塵の数ほどのたくさんの世界ということです。ですから、どのようなところ、どのような境遇であっても、ということでしょう。

阿弥陀となづけたてまつる

その「念仏の衆生をみそなわし」、「摂取して捨てざれば」という感動が「阿弥陀となづけたてまつる」につながっていくのです。

この「阿弥陀となづけたてまつる」について、金子師は、次のようにおっしゃいます。

> ただ念仏者に取りては阿弥陀と名づけたてまつることは即ち阿弥陀の名告りを聞くことである。（『和讃日日』30頁）

それは、ただただ南無阿弥陀仏とお念仏させていただくということなのでしょう。

南無阿弥陀仏《なむあみだぶつ》をとなうれば
他化天《たけてん》の大魔王《だいまおう》
釈迦牟尼仏《しゃかむにぶつ》のみまえにて
まもらんとこそちかいしか

（『浄土和讃』、『真宗聖典』488頁）

〔意訳〕
南無阿弥陀仏《なむあみだぶつ》のはたらきによって、仏法《ぶっぽう》をさまたげる他化自在《たけじざい》天《てん》の大魔王でさえも、釈尊《しゃくそん》の前で、念仏者《ねんぶつしゃ》をお護りいたしますと誓うのです。

南無阿弥陀仏《なむあみだぶつ》の生活

現世利益和讃《げんぜりやく》

これまで、親鸞聖人《しんらんしょうにん》が作られた三帖和讃《さんじょう》の『浄土和讃《じょうど》』を取り上げてきました。『浄土和讃』は、はじめに曇鸞大師《どんらんだいし》の『讃阿弥陀仏偈《さんあみだぶつげ》』により作られた「讃阿弥陀仏偈和讃」、次に「浄土三部経《じょうどさんぶきょう》」のこころをうたった「三経和讃《さんぎょう》」36首が置かれています。そして、「諸経和讃《しょきょう》」9首、「現世利益和讃」15首、「勢至和讃《せいし》」8首が続けてうたわれています。

「浄土三部経」以外にも、阿弥陀仏とその浄土について説かれる経典《きょうてん》は多くあり、親鸞聖人は、それらの経典に説かれていることを踏まえた和讃も作られているのです。

今回読む和讃は、このうちの「現世利益和讃」からの1首です。

南無阿弥陀仏をとなうれば

「現世利益和讃」には実に10首に「南無阿弥陀仏をとなうれば」とあります。一見、「南無阿弥陀仏をとなえたら、こうなるのです」ということがうたわれているように思われますが、そうではないのでしょう。

現世利益といえば、病気が治るとか、長生きできるとか、事故に遭わないというようなことを考えてしまいます。しかしながら、浄土真宗《じょうどしんしゅう》の教えは、そういった意味での現世利益を説くものではありません。

「南無阿弥陀仏をとなうれば」も、何かのために南無阿弥陀仏をとなえたらということではありません。あくまでも、南無阿弥陀仏と念仏申す生活の中にひらかれてくる念《ねん》仏者《ぶっしゃ》の心境や気づき、これを親鸞聖人は「現世利益」として和讃にうたわれているのです。

他化自在天《たけじざいてん》

二句目に、「他化天《たけてん》の大魔王」とあります。「他化天」とは、「他化自在天」という天の世界です。

仏教では、この世は「欲界《よっかい》」（欲望が支配する世界）、「色界《しきかい》」（欲望は超えているが形が残っている世界）、「無色界《むしきかい》」（形を超えた高度に精神的な世界）の「三界《さんがい》」という世界であるとされています。

私たち衆生は、この「三界」を「流転《るてん》」し、「輪廻《りんね》」し続ける、迷いの存在であるのです。

その「欲界」の最上位に位置する天が「他化自在天」です。「他化」とは、他の人がすべてしてくださるということです。「自在」とは、その他の人がしてくださったことを自分で自在に楽しむことができるということです。

蓬茨祖運《ほうしそうん》先生は、

他人のなす楽しみをわが楽しみとする世界

（『現世利益和讃』49頁）

とおっしゃっています。

何とすばらしい世界でしょう。そんな世界があるのだろうかと思いますが、実は、私たちはみな、この他化自在天を生きているのではないでしょうか。

私たちが着るもの、食べるもの、住んでいるところ。衣・食・住、どれ一つをとっても、自分一人で用意できたものはありません。私以外の誰かが、それを準備してくださっているのです。

しかしながら、私たちは、そのことにほんとうに満足しながら生きているといえるのでしょうか。

冷凍食品

真宗大谷派の先学である平野修《ひらのおさむ》先生（1943～1995）が、おもしろいたとえをされています。他化自在天を味わうことができるのは、冷凍食品だというのです（『はじまりとしての浄土の真宗』25頁以下を参照）。

冷凍食品は、お金さえ出せば、買ってきたものを電子レンジで温めるだけで食べることができます。平野先生は、他化自在天を味わおうと、冷凍食品のヤキソバを買ってみたそうです。

そのヤキソバは、後ろに3分と書いてあった。電子レンジの中に入れて、3分。けれども、そのたった3分が待てない自分に気がついたというのです。

食事をいただくには、本当だったら自分で調理をしなくてはいけない。キャベツを買ってきてそのキャベツをきざんだり、豚肉を買ってきて切ったり、炒《いた》めたりしないといけない。さらにいえば、その材料（キャベツや豚肉）も、本当であれば自分で作ったり育てたりしなくてはならない。それを誰かがしてくださっているのです。自分はそれをいただくだけです。

にもかかわらず、その3分が待てずにイライライライラしている自分に気がついたというのです。

大魔王

すべてが用意されている。自分はそれを楽しむだけ。私たちはそういう世界をすばらしい世界であると思い込み、そのような天の世界を目指して生きています。自分の欲望を最大限に広げ、それがかなう世界を求めています。

そして、見方を変えれば、すでにそういう世界にいるのです。しかしながら、そのことに気づくことなく、不平や不満ばかり言っている。自分のためにしてくれている存在や願いを忘れ、消し去り、生きているのです。

そういう世界の主《あるじ》が「大魔王」と呼ばれる存在なのでしょう。欲望の世界に誘惑して、人がほんとうに人として生きるということをさまたげる。人間らしさを失わせていく。ゆえに「大魔王」と呼ばれているのです。

それはまさに、この私自身の姿ではないでしょうか。周りを消していくのです。それは人間としてほんとうに大切なことを忘れていくありさまではないでしょうか。

念仏をいただいていく道

和讃では、そのような大魔王が、「釈迦牟尼仏《しゃかむにぶつ》のみまえにて　まもらんとこそちかいしか」と、「釈尊《しゃくそん》の前で、念仏者をお護りいたしますと誓うのです」とうたわれます。ここに、非常に大きな転換があるのでしょう。

天を目指して生きている私たちが、南無阿弥陀仏のはたらきによって、その念仏を申していく道を歩ませていただくのです。

そのような転換を、私たちは自分の力で起こすことはできません。如来《にょらい》が私たちに至り届いてくださっている。それが南無阿弥陀仏です。

平野先生は次のようにおっしゃいます。

なぜ至り届いてくださるのかと。理由は一つです。一生懸命生きながら、自分の力を一生懸命使いながら、魔王の弟子にしか成《な》ることのできないこの我が身があるからです。これ以外に、如来は、至り届いてくださる理由はありません。

(『はじまりとしての浄土の真宗』54頁)

こうしたあり方を離れることのできないこの私をあわれんで、阿弥陀仏がこの私に至り届いてくださっている。それが南無阿弥陀仏です。

南無阿弥陀仏の生活は、この私が、自らのあり方に気づかされ、人間として生きていく、人間らしさを回復していく、そういう道を歩ませていただくということなのです。

そのことを、親鸞聖人は、感動をもってこの和讃にうたってくださっているのです。

Ⅱ　高僧和讃

生死《しょうじ》の苦海《くかい》ほとりなし
ひさしくしずめるわれらをば
弥陀《みだ》弘誓《ぐぜい》のふねのみぞ
のせてかならずわたしける

（『高僧和讃』、『真宗聖典』490頁）

〔意訳〕
生死《しょうじ》の迷いによる苦しみの海に沈んで、果てしなくさまよっているこのわれらを、はからずも、阿弥陀仏《あみだぶつ》の本願《ほんがん》が、苦海《くかい》に浮かぶ願船《がんせん》となって浄土《じょうど》に渡してくださるのです。

はからずも開かれてくる世界

七高僧《しちこうそう》

これまで、親鸞聖人《しんらんしょうにん》の三帖和讃《さんじょう》のうち、『浄土和讃《じょうど》』から10首を取り上げました。今回から、『高僧和讃《こうそう》』を読んでいきたいと思います。

「高僧」とは、親鸞聖人が本願念仏《ほんがんねんぶつ》の教えをいまに伝えてくださっている方として、「正信偈《しょうしんげ》」の後半部分（「依釈段《えしゃくだん》」）にもうたわれる、七人の方々（七高僧）です。「依釈段」のはじめには、次のようにうたわれています。

印度《いんど》・西天《さいてん》の論家《ろんげ》、中夏《ちゅうか》・日域《じちいき》の高僧《こうそう》、大聖興世《だいしょうこうせ》の正意《しょうい》を顕《あらわ》し、如来《にょらい》の本誓《ほんぜい》、機《き》に応《おう》ぜることを明《あ》かす。

（『真宗聖典』205頁）

〔意訳〕インド、中国、日本の高僧方はみな、お釈迦様《しゃか》がこの世に出られた本当のおこころを顕《あらわ》し、阿弥陀如来《あみだにょらい》の本願が、私たちに応じていることを明らかにしてくださったのです。

そして、「正信偈」ではこのあと、インドの龍樹菩薩《りゅうじゅぼさつ》、天親菩薩《てんじん》、中国の曇鸞大師《どんらんだいし》、道綽禅師《どうしゃくぜんじ》、善導大師《ぜんどう》、日本の源信僧都《げんしんそうず》、源空上人《げんくうしょうにん》（法然上人《ほうねん》）と順に七人の高僧方の教えが讃嘆《さんだん》されていきます。

この七高僧の論釈《ろんしゃく》に依って作られた和讃が『高僧和讃』です。

『高僧和讃』

そもそも、親鸞聖人は、多くの高僧方の中から、どうしてこの七人を七高僧と定められたのでしょうか。これについて、金子大榮師《かねこだいえい》が、「ただ私の一つの感じとしましては」と断った上で、次のようにおっしゃっています。

本当に人間苦というものを感じてものを言っておられる方はこの七人だけでないのでしょうか。

（『高僧和讃講話』上巻62頁）

何か一般的なお話として仏教を説いてくださったのではなく、あくまでも、自分自身の問題として、「人間苦」、人間としての苦しみ、苦悩の人間ということを課題とし、尋ね、

生きられた。そして、それが教えとなった。「教え」ということについて、同じく金子師は、

お前たちこうせよというのが教えではない、これよりほかないのである、ということを身をもって感じてくだされたことが後の世の者にとって教えになるのである。

（『高僧和讃講話』上巻43頁）

と言われます。「これよりほかないのである、ということを身をもって感じてくだされたこと」が教えとなった。これが七高僧であり、それを「教え」として受け取られたのが親鸞聖人なのです。その教えを、和讃として「うた」にしてくださったのが、『高僧和讃』なのでしょう。

生死《しょうじ》の苦海《くかい》ほとりなし

その『高僧和讃』のうち、龍樹菩薩の教えに依って作られた「龍樹和讃」は10首あります。これから、その1首を読みましょう。

はじめに、「生死の苦海ほとりなし」とあります。

「生死」は、「輪廻《りんね》」と同義の言葉で、「六道に生まれかわり死にかわり流転《るてん》すること」（『真宗新辞典』）です。「生死」も「輪廻」も「流転」も、私たちが苦しみの境界《きょうがい》をへめぐる迷いのあり方を表現した言葉です。

私たちは、迷おうと思って迷っているわけではありません。誰も、不幸せになりたいと思って生きている人はいません。幸せになりたいという思いで生きています。けれどもそうならないのはなぜでしょう。

「あの人のせいだ」、あるいは「社会が悪いんだ」。出てくるのは愚痴《ぐち》ばかり。どこまで行っても愚痴で終わっていくしかない。それが、人間としての苦しみ、出口のない迷いのあり方です。

そのあり方が、「生死の苦海ほとりなし」と、龍樹菩薩の身を通して教えられているのでしょう。

われら

そして、この「生死の苦海ほとりなし」の教えを、親鸞聖人は「ひさしくしずめるわれらをば」と、「われら」という言葉で受け止められるのです。

「われら」という言葉は、たとえば、「煩悩具足《ぼんのうぐそく》のわれら」(『歎異抄』、『真宗聖典』627頁)、あるいは、「いし・かわら・つぶてのごとくなるわれら」(『唯信鈔文意』、『真宗聖典』553頁)というふうに使われています。『尊号真像銘文《そんごうしんぞうめいもん》』には、

「十方衆生《じっぽうしゅじょう》」というは、十方のよろずの衆生なり。すなわちわれらなり。

(『真宗聖典』521頁)

とあり、弥陀の本願の目当てである「十方衆生」を「われら」と表現されているのだということがわかります。

この「われら」について、真宗学の先達である大江憲成《おおえけんじょう》先生は、「救われたものが救われない人を救う」のではなく、「自らが救われざるものとして、救われざる他者に繫《つな》がっていく」、そういう自覚の言葉であると教えてくださいました。

つまり、龍樹菩薩も、親鸞聖人も、そしてその和讃をうたうこの私も、「われら」です。これが、親鸞聖人の受け止めなのです。

かならずわたしける

和讃の後半は、「弥陀弘誓《みだぐぜい》のふねのみぞ　のせてかならずわたしける」と続きます。この、出口のない迷いの衆生（われら）をこそ救わんとの願いが、弥陀の本願です。その本願は、「もしあらゆる衆生を救うことができなければ私は仏には成《な》らない」という誓《ちか》いでもあるので、「弘誓」（弘《ひろ》い誓い）と言います。

その本願、誓いを船に譬《たと》えて教えているのが、「弥陀弘誓のふねのみぞ」です。阿弥陀仏の本願が、苦海に浮かぶ願船《がんせん》となって浄土に渡してくださる。しかもそこに「かならず」と言われる。

この「かならず」について、親鸞聖人の『一念多念文意《いちねんたねんもんい》』に、次の言葉があります。

如来の本願を信じて一念するに、かならず、もとめざるに無上の功徳《くどく》をえしめ、しらざるに広大の利益《りやく》をうるなり。（『真宗聖典』539頁）

〔意訳〕如来の本願を信じてひとたび念仏すると、必ず、求めないのにこの上ない功徳を得させてくださり、知らなくても広大な利益を得るのです。

このように、「かならず」という言葉が、「もとめざるに」、「しらざるに」という言葉と併せて述べられています。

これは、弥陀の本願が開く世界は、私たちが求め、予想し、期待していく世界ではなく、その予想や期待を破って、思いを破って、はからずも開かれてくる世界であることを教えているのではないでしょうか。

龍樹菩薩は「八宗の祖《はっしゅうのそ》」と言われる方です。その龍樹菩薩が「弥陀弘誓のふねのみぞのせてかならずわたしける」と身をもって教えてくださっているのだと、親鸞聖人が受け止められた。それが今回の和讃なのだと思います。

本願力《ほんがんりき》にあいぬれば
むなしくすぐるひとぞなき
功徳《くどく》の宝海《ほうかい》みちみちて
煩悩《ぼんのう》の濁水《じょくしい》へだてなし

（『高僧和讃』、『真宗聖典』490頁）

〔意訳〕
阿弥陀仏《あみだぶつ》の本願《ほんがん》のはたらきとの出遇《であ》いは、あらゆる人の上に、空《むな》しく過ぎる人生を超えてゆく道をひらくのです。この道は、煩悩《ぼんのう》に生きる私自身を悲しむ心が呼び覚《さ》まされてゆく念仏《ねんぶつ》の道です。この念仏の道を歩ませていただくことが、人生の本当の満足なのです。

本願力《ほんがんりき》に遇《あ》う

『浄土論《じょうどろん》』

引き続き、親鸞聖人《しんらんしょうにん》の『高僧和讃《こうそうわさん》』を読ませていただきます。今回は、七高僧《しちこうそう》の第二祖に位置づけられている天親菩薩《てんじんぼさつ》の和讃を取り上げます。

親鸞聖人《しんらんしょうにん》の和讃は、基本的にお聖教《しょうぎょう》にもとづいて制作されています。特に、『高僧和讃』では、七高僧すべての和讃の前に、「付釈文《ふしゃくもん》」の言葉が置かれています。たとえば、天親菩薩のところであれば、次のように記されています。

天親菩薩　付釈文　十首

（『真宗聖典』490頁）

この「付釈文」は、「釈文《しゃくもん》に付《つ》けて」と読みます。つまり、天親菩薩が著《あらわ》されたお聖教にもとづいて10首の和讃を作られているということです。それは、『浄土論』というお聖教です。

『浄土論』は、「偈誦《げじゅ》」の部分と「長行《じょうごう》」と呼ばれる散文の部分から構成されています（『真宗聖典』135～145頁)。

「偈誦」の部分は、「世尊我一心《せそんがいっしん》」からはじまる「願生偈《がんしょうげ》」として、中陰《ちゅういん》のお勤めなどにも用いられています。

その「願生偈」にある次の偈文《げもん》が今回の和讃のもとになるものです。

観仏本願力《かんぶつほんがんりき》　遇無空過者《ぐむくかしゃ》　能令速満足《のうりょうそくまんぞく》　功徳大宝海《くどくだいほうかい》

〔訓読〕仏《ぶつ》の本願力《ほんがんりき》を観《かん》ずるに、遇《もうお》うて空《むな》しく過《す》ぐる者なし、能《よ》く速《すみ》やかに功徳《くどく》の大《だい》宝海《ほうかい》を満足せしむ。（『真宗聖典』137頁）

親鸞聖人は、この偈文を、『教行信証《きょうぎょうしんしょう》』をはじめ多くのお聖教に取り上げ、深く尋ねておられます。その意味で「願生偈」の要《かなめ》の偈文と言っても過言ではありません。

おそらく、親鸞聖人はこの偈文に、非常に心を打たれたのでしょう。繰りかえし、繰りかえし読まれて、「本当にそうだなあ」という感動が声になって聞こえてきた。それが今回の和讃なのだと思います。

空しく過ぎる

はじめに、「本願力にあいぬれば」とうたわれます。「本願力」は、阿弥陀仏《あみだぶつ》の本願のはたらきのことです。前回、阿弥陀仏の本願とは、「この、出口のない迷いの衆生（われら）をこそ救わんとの願い」であると確認しました。前回の和讃では、「出口のない迷い」が「生死の苦海ほとりなし」とうたわれていたのでした。

今回の和讃の二句目の、「むなしくすぐるひとぞなき」は、「空しく過ぎる」、つまり「空過《くうか》」という問題です。

人生が空しく過ぎるというのはどういうことでしょうか。宮城顗《みやぎしずか》先生は、蓬茨祖運《ほうしそうん》先生がいつも「行き詰まる」ことの大切さをおっしゃっていたことを挙げた上で、次のように述べられます。

行き詰まらない限り私たちは自分を問題にするということができない。いつも自分に夢を見るという気持ちが、私たちはどこまでいっても捨てられませんから、行き詰まらない限り自分に夢を見て自分の夢だけを追いかけて、そして自分の夢が思うように果たされないと、自分を取り巻くものに腹を立てて人生は過ぎてまいります。けれどもそういう生き方というものは、実は何十年生きようと同じことなのです。ただ時が私の上を過ぎていったということに終わるのだろうと思います。

（「蓬茨学長の思い出」『九州大谷短期大学　昭和63年度卒業記念冊子』）

「何十年生きようと同じこと」「ただ時が私の上を過ぎていったということに終わる」。これが「空過」という問題です。

親鸞聖人は、この「空過」について、『一念多念文意《いちねんたねんもんい》』に次のように解説されています。

むなしくすぐるひとなしというは、信心《しんじん》あらんひと、むなしく生死《しょうじ》にとどまることなしとなり。

（『真宗聖典』544頁）

「空過」とは、「むなしく生死にとどまること」であるとおっしゃるのです。「生死」とは、私たちが苦しみの境界をへめぐる迷いのあり方です。宮城先生の言葉でいえば、「自分に夢を見て自分の夢だけを追いかけて、そして自分の夢が思うように果たされないと、自分を取り巻くものに腹を立てて人生は過ぎて」いく、ということでしょう。

そういうところにとどまらない人生の道が、本願力に遇《あ》うことによってひらかれた。その感動が、「本願力にあいぬれば　むなしくすぐるひとぞなき」とうたわれているのです。

「遇」

「本願力にあいぬれば」とは、「空過」を超える道を歩ませるはたらきに出遇うことができたということでしょう。

「あいぬれば」の「あう」は、もとの偈文では「遇」の字です。では、「遇」にはどのような意味があるのでしょうか。「あう」には、「会」、「逢」などの字があります。「遇」も「あう」という意味ですが、その「あう」は、「思いがけずであう」、「出くわす」ということです。また、「たまたま」という意味もあります。

この「遇」について、親鸞聖人は、同じく『一念多念文意』で、

「遇」は、もうあうという。もうあうともうすは、本願力を信ずるなり。

（『真宗聖典』543～544頁）

と述べられます。「遇う」とは「信ずる」ことであるとはっきりとおっしゃるのです。裏を返せば、本願を信ずるというのは、「出遇い」であるということでしょう。計画してあうのではなく、「思いがけずであう」、「出くわす」のです。

「遇」の字は、私たちが仏教にであう、そのであいの意味を教えているのです。

念仏の道

和讃の後半二句は、「功徳の宝海みちみちて　煩悩《ぼんのう》の濁水《じょくしい》へだてなし」と、もとの偈文にはない「煩悩」という言葉が入っています。

天親和讃の1首目には、

釈迦《しゃか》の教法《きょうぼう》おおけれど　天親菩薩はねんごろに
煩悩成就《じょうじゅ》のわれらには　弥陀《みだ》の弘誓《ぐぜい》をすすめしむ
（『真宗聖典』490頁）

と、「煩悩成就のわれら」という言葉がうたわれます。この「煩悩成就のわれら」との自覚を生み出すはたらきこそが、阿弥陀仏の本願のはたらきであり、念仏《ねんぶつ》の道であるということなのではないでしょうか。

そして、思いがけず出遇った念仏の道こそが、煩悩に隔《へだ》てられることなく、人生をいきいきと歩み続ける道なのです。

この和讃は、葬儀の時に読まれることが多い和讃です。なぜ、葬儀の時に読まれるのでしょうか。

それは、亡くなられた方が、その生涯をかけて私たちに教えてくださっていることが、この和讃にうたわれているのだ、ということではないでしょうか。

罪障功徳《ざいしょうくどく》の体《たい》となる
こおりとみずのごとくにて
こおりおおきにみずおおし
さわりおおきに徳《とく》おおし

（『高僧和讃』、『真宗聖典』493頁）

〔意訳〕
阿弥陀仏《あみだぶつ》のはたらきによって、私たちの罪《つみ》や障《さわ》りがそのままに功徳《くどく》となるのです。それはあたかも氷と水の関係のようなものです。氷が大きいと、その氷が溶《と》けた水も多くなります。それと同じく、私たちの障りが大きいので、その障りの中でいただいていく功徳も大きいのです。

南無阿弥陀仏《なむあみだぶつ》に遇《あ》う場所

罪とは

前々回の龍樹《りゅうじゅ》和讃、前回の天親《てんじん》和讃に引き続き、今回は七高僧《しちこうそう》の第三祖である曇鸞大《どんらんだい》師《し》の和讃（34首）の中から1首を取り上げました。

はじめに、「罪障《ざいしょう》」という言葉が出てきます。

「罪《ざい》」は「つみ」、「障《しょう》」は「さわり」です。ここでいう「罪《つみ》」とは何でしょうか。「私はまだ警察のお世話にはなっていません」。そういう話ではありません。

「人生は苦しみである」というのは、釈尊《しゃくそん》のおさとりです。その苦しみの原因は、私たちの煩悩《ぼんのう》です。この煩悩を「惑《わく》」と言います。

私たちのあらゆる行為は、煩悩から生まれています。この煩悩から生まれる行為のことを「業《ごう》」と言います。

そして、この「惑」と「業」によって、この世界を流転《るてん》し輪廻《りんね》し続けるという「苦《く》」が生まれるのです。この迷いの人生の全体が、「罪」であり「悪」であるというのが仏教の考え方です。つまり、自分自身の苦しみ、その人生そのものが罪だと言うのです。

そんなことを言われて、素直に「はい、そうです」と頷ける人はいないのではないでしょうか。

今、私が苦しんでいる。それは、私自身の罪なのだ、とは頷けません。今、私が苦しいのは、私以外の人が悪いのだというのが私たちの当たり前の考え方です。だから、「あの人が悪い」「この人が悪い」と自分以外の罪人《ざいにん》を見つけよう、見つけようと必死になっているのではないでしょうか。

けれども、そのことが私たちを救いから遠ざけているのです。それが「障《さわり》」です。

親鸞聖人《しんらんしょうにん》は、この和讃の四句目の「さわりおおきに徳おおし」の「さわり」に、

悪業煩悩《あくごうぼんのう》

悪業煩悩なり

（『親鸞聖人真蹟集成』第三巻188頁を参照）

と左訓《さくん》（本書28頁参照）をされています。さわり、罪障とは、「悪業」であり「煩悩」であるというのです。

先ほど、私たちのあらゆる行為は、煩悩から生まれているということを述べました。その煩悩から生まれる行為が「業」であり、それゆえにその「業」を「悪業」と言うのです。この「業」という言葉について、真宗大谷派の先学である廣瀬杲《ひろせたかし》先生（１９２４〜２０１１）が、次のようにおっしゃっています。

「業」という言葉は、何も「流転輪廻《るてんりんね》」ということがらと結びつけて私たちが考えるようなことではなくて、単純に言えば行為、行いですから、もっと広くそれを申しますれば、日暮らしです。
（『罪業深重』10頁）

私たちの当たり前の日暮らし、一日一日の日暮らしが「業」です。そして、その「日暮らし」は、廣瀬先生の言葉を借りれば「「殺」の上に成り立っている日暮らし」です。私たちは、多くのいのちの犠牲の上に生きていながら、そのことを忘れて生きている。

人殺しをした人が獄門台《ごくもんだい》にのぼるという話は、よくわかるのです。目で見たり、耳で聞いたりするとよくわかるのです。しかし意識にのぼることなく自分が踏みつぶした生き物に対して、責任をとれと言われているということは、わからないのです。なぜわからないかと言えば、自分のいのちが、知らないうちにやっていることだからです。

（『罪業深重』54頁）

「自分のいのちが、知らないうちにやっている」罪悪。目には見えない、生きているということの罪悪。『歎異抄《たんにしょう》』において、親鸞聖人はそのような私たちを、

罪悪深重煩悩熾盛《ざいあくじんじゅうぼんのうしじょう》の衆生《しゅじょう》

（『真宗聖典』626頁）

と、「罪悪が深重で煩悩がはげしく盛んな衆生」であるとおっしゃっています。

この私が生きているということそのものが「罪業《ざいごう》」であり「罪悪」なのです。

身に体《たい》する

しかしながら、私たちにそうした意識はありません。そうした意識を持たないように、持たないようにと、その罪悪から目を背《そむ》けて生きている。

けれども、実は、そういう私たちが、「罪業」、「罪悪」、「罪障」に目を向けさせられるところにほんとうの救いがあるということを教えてくださっているのが、「罪障功徳《くどく》の体《たい》となる」という、和讃のお言葉なのではないでしょうか。

「罪障」が「功徳の体となる」とはどういうことでしょうか。「体」を「一体」という言葉で考えれば、「罪障」と「功徳」は同質のものであるということでしょう。「体」を「本体」という言葉で考えれば、「罪障」は「功徳」の根本であるということでしょう。

けれども、そういう説明より何より、「体験」という言葉があるように、「罪障」そのものが「功徳」を身に受けてゆく場となるのだ、ということではないでしょうか。

親鸞聖人は、『一念多念文意《いちねんたねんもんい》』の中で「功徳」を、

「功徳」ともうすは、名号《みょうごう》なり。

（『真宗聖典』544頁）

とおっしゃっています。私たちは、罪障の日暮らしの中で、南無阿弥陀仏の名号を身に受けてゆく、身に体《たい》してゆくのです。

救いをいただいていく場

先ほどあげた、『歎異抄』では、

そのゆえは、罪悪深重煩悩熾盛《ざいあくじんじゅうぼんのうしじょう》の衆生《しゅじょう》をたすけんがための願《がん》にてまします。

（『真宗聖典』626頁）

と、阿弥陀仏《あみだぶつ》の本願《ほんがん》は、この「罪悪が深重で煩悩がはげしく盛んな衆生」をこそ救わんとの願いであると言われています。また、蓮如上人《れんにょしょうにん》は、『御文《おふみ》』の中で、

たとい罪業《ざいごう》は深重《じんじゅう》なりとも、かならず弥陀如来《みだにょらい》はすくいましますべし。

（『真宗聖典』832〜833頁）

と、おっしゃっています。

「罪悪深重」あるいは「罪業深重」は、救いのさまたげではない。むしろ、救いをいただいていく場なのです。

真宗学の先達である三明智彰《みはるとしあき》先生が、阿闍世《あじゃせ》の救いを主題とした著書の中で、こうおっしゃっています。

罪なき者に救いはない。苦悩無き者に救済は無用である。

（『親鸞の阿闍世観』117頁）

罪の自覚、罪業の身の自覚というところに救済がはたらくのです。そこを、親鸞聖人は、「さわりおおきに徳おおし」とうたわれているのです。

阿弥陀仏の救いのはたらきである南無阿弥陀仏に遇う場所は、この私の身、罪業の日暮らしです。そのことを、親鸞聖人が、ほんとうにやわらかい言葉で教えてくださっているのが、今回の和讃なのだと思います。

本《ほん》師《じ》道《どう》綽《しゃく》禅《ぜん》師《じ》は
聖《しょう》道《どう》万《まん》行《ぎょう》さしおきて
唯《ゆい》有《う》浄《じょう》土《ど》一《いち》門《もん》を
通《つう》入《にゅう》すべきみちととく

（『高僧和讃』、『真宗聖典』494頁）

〔意訳〕

仏教を、私の身に頷《うなず》かれる教えとして伝えてくださった方が道《どう》綽《しゃく》禅《ぜん》師《じ》です。道綽禅師は、聖道《しょうどう》の教えをさしおいて、ただ浄土《じょうど》門《もん》だけがあらゆる衆生《しゅじょう》に開かれた道であると説いてくださったのです。

あらゆる衆生《しゅじょう》に開かれた道

道綽禅師《どうしゃくぜんじ》の問い

曇鸞大師《どんらんだいし》に引き続き、今回は七高僧《しちこうそう》の第四祖である道綽禅師の和讃（7首）の1首です。

親鸞聖人《しんらんしょうにん》は、一句目の「本師《ほんじ》道綽禅師は」に、次の左訓《さくん》（本書28頁参照）をされています。

道綽は、涅槃宗《ねはんしゅう》を学《がく》せさせ給いけるをさしおきて、ひとえに浄土《じょうど》に帰《き》し給いたり。

（『親鸞聖人真蹟集成』第三巻204頁を参照）

〔意訳〕道綽は、涅槃宗の学者でしたが、『涅槃経《ねはんぎょう》』の学問をさしおいて、ひとえに浄土の教えに帰依《きえ》されました。

道綽禅師は、もと涅槃宗、『涅槃経』を所依《しょえ》とする学派の学者でした。『涅槃経』は、「一切衆生悉有仏性《いっさいしゅじょうしつうぶっしょう》」（一切衆生悉《ことごと》く仏性有《あ》り）を根本の教理《きょうり》とする経典《きょうてん》です。

道綽禅師は、主著『安楽集《あんらくしゅう》』に次の問いを出しています。

問うて曰《いわ》く。一切衆生《いっさいしゅじょう》みな仏性有《ぶっしょうあ》り。遠劫《おんごう》よりこのかたまさに多仏《たぶつ》に値《あ》うべし、何によってか今に至るまでなお自ら生死《しょうじ》に輪廻《りんね》して火宅《かたく》を出《い》でざるや。

（『真宗聖教全書一』410頁）

〈意訳〉問う。一切衆生にみな仏性があるならば、久遠《くおん》の昔から繰り返してきた生の中で多くの仏にであってきたはずである。それなのに、いまだに迷いを出ないのはどういうわけなのか。

「生死」も「輪廻」も、私たちの迷いのあり方を表現した言葉です。「火宅」は、迷いの中にありながら、そのことに気づいていない私たちを、家が燃えているのにそのことに気づいていない子どもにたとえた言葉です。

「一切衆生悉有仏性」という『涅槃経』の尊い教えがありながら、その教えの通りにならない自らを問うたのが道綽禅師なのでしょう。

「聖道門《しょうどうもん》」と「浄土門《じょうどもん》」

その問いに、道綽禅師は次のように答えています。仏教にはすぐれた教えが二種あります。その二種の教えとは、「聖道門」と「浄土門」です。

「聖道門」は、この娑婆《しゃば》世界において、修行して功徳《くどく》を積んで、さとりを得ようとはげむ道です。さとりという真理に向かって、仏法を学び、仏法を実践し、自らを向上させていく。ある意味で、仏教として当たり前の道です。

しかしながら道綽禅師は、

その聖道《しょうどう》の一種は今の時証《しょう》し難《がた》し。（同前）

と、「今の時」、すなわち末法《まっぽう》を生きる私たちには、歩むことのできない道であると述べます。

さとりに向かって歩みを進める、ある意味で仏教の本道ともいうべき道が、釈尊《しゃくそん》から遠く隔《へだ》たったこの末法の世においては、私の歩むべき道とはならないと言うのです。そのことの悲しみが、『大集経《だいじっきょう》』から引いたという次の言葉に込められているのでしょう。

我《わ》が末法《まっぽう》の時の中に億億《おくおく》の衆生、行《ぎょう》を起こし道《どう》を修せんに、未《いま》だ一人《いちにん》も得る者あらじ、と。（『真宗聖典』338頁）

「一切衆生みな仏性有り」という教えに促されて、仏教の本道を歩もうとした。にもかかわらず、いかに自分にむち打っても、さとる力のない自分である。さとるどころか、さとろうとする心すら起こせない私である。もはや、「一切衆生みな仏性有り」の尊い教えを捨て去るしかないのであろうか。

未だ一人も得る者なし、という悲しみ。しかしながらそこに開かれてくる道があった。その道が、「浄土門」なのです。

先ほどの『大集経』の言葉は、次のように続けられます。

当今《とうこん》は末法なり。この五濁悪世《ごじょくあくせ》には、ただ浄土《じょうど》の一門《いちもん》ありて通入《つうにゅう》すべき路《みち》なり、と。（同前）

この末法の世に生きる私に開かれる道がある。未だ一人も得る者なし、というところに、通入すべき唯一《ゆいいつ》の門が開かれている。その道に立つことができたという感動が、「ただ浄土の一門ありて通入すべき路なり」という言葉なのでしょう。

さしおきて

今回の和讃は、「聖道門」と「浄土門」に触れられていますが、これは二つをならべて、「浄土門」を取りましたということではないのでしょう。和讃の一句目は、「聖道万行《まんぎょう》さしおきて」という言葉です。

「さしおく」という言葉は、「いちばんに考えたり重んじたりしなければならない人やものごとを無視してあとまわしにする」(『角川必携国語辞典』)という意味です。

「聖道門」の教えは、仏教の本道であり真理です。しかしながら、その真理を白分の道として歩めない者には、たとえ真理であったとしても、絶望にしかならないのです。

親鸞聖人は、「真実の教《きょう》　浄土真宗《じょうどしんしゅう》」(『真宗聖典』150頁)とおっしゃいます。また、『教行信証《きょうぎょうしんしょう》』の正式な題名は、『顕浄土真実教行証文類《けんじょうどしんじつきょうぎょうしょうもんるい》』です。「真実」という言葉で、「浄土真宗」という仏道を表現しておられるのです。

宮城顗《みやぎしずか》先生は、「真実」について、次のようにおっしゃっています。

「真実」と書きますが、これは真理が私の事実になるということです。（中略）真理であるかもしれないが、私の事実にならない時には、私にとっては道ではないのです。

（『浄土真宗の教え――真実の教・行・信・証』16〜17頁）

仏教の本道である「聖道門」が、私にとっては道とならない。「いちばんに考えたり重んじたりしなければならない」教えが、私の歩む門とならない。その悲しみにおいて、道綽禅師は、「聖道万行をさしおきて　唯有《ゆいう》浄土一門を　通入すべきみち」と説いてくださったのです。

本師道綽禅師

この和讃の一句目は、「本師道綽禅師は」でした。「本師」とは「根本の師」のことで、仏教一般では釈迦如来《しゃかにょらい》が本師です。また、浄土教では阿弥陀《あみだ》如来を本師とします。要するに、本師とは仏さまのことなのです。

しかしながら親鸞聖人は、七高僧にもこの本師の称を用いられます。それは、この仏なき時代に、仏の教えを、自らの身をもっての問いを通して伝えてくださった。この私の身にも頷かれる教えとして伝えてくださった。そういう方を指し示す言葉として、この本師の称を用いられているということなのではないでしょうか。

善導大師《ぜんどうだいし》証《しょう》をこい
定散二心《じょうさんにしん》をひるがえし
貪瞋二河《とんじんにが》の譬喩《ひゆ》をとき
弘願《ぐがん》の信心守護《しんじんしゅご》せしむ

（『高僧和讃』、『真宗聖典』495頁）

〔意訳〕
善導大師《ぜんどうだいし》は『仏説観無量寿経《ぶっせつかんむりょうじゅきょう》』に説かれる教えのほんとうのおこころを、その身を通した問いによって『観経疏《かんぎょうしょ》』に明らかにされました。定散二心《じょうさんにしん》という自力《じりき》の心を翻《ひるがえ》し、この問いに生きた自らの人生を二河《にが》の譬喩《ひゆ》として説くことによって、本願他力《ほんがんたりき》の信心《しんじん》を様々な謗《そし》りや非難から守護《しゅご》してくださったのです。

教えに出遇《であ》っていく道

善導独明仏正意《ぜんどうどくみょうぶっしょうい》

今回は、親鸞聖人《しんらんしょうにん》が善導大師《ぜんどうだいし》の教えに依って作られた「善導和讃」（26首）からの1首です。
親鸞聖人は、「正信偈《しょうしんげ》」において、

善導独明仏正意《ぜんどうどくみょうぶっしょうい》

〔訓読〕善導《ぜんどう》独《ひと》り、仏《ぶつ》の正意《しょうい》を明《あ》かせり。

（『真宗聖典』207頁）

と、「善導大師だけが、仏の正しいお心を明らかにしてくださった」と讃《たた》えています。
これは、善導大師が、『観経疏《かんぎょうしょ》』（『仏説観無量寿経《ぶっせつかんむりょうじゅきょう》』〔『観経《かんぎょう》』〕についての解釈書）に、次のように言われていることに依っています。

上《かみ》よりこのかた定散両門《じょうさんりょうもん》の益《やく》を説くといえども、仏の本願《ほんがん》の意《こころ》を望まんには、衆生《しゅじょう》をして一向《いっこう》に専《もっぱ》ら弥陀仏《みだぶつ》の名《みな》を称《しょう》せしむるにあり、と。

（『真宗聖典』350頁）

〈意訳〉釈迦如来《しゃかにょらい》は、『観経』に定善《じょうぜん》（心を統一して修行せよの教え）と散善《さんぜん》（悪を廃して善を修せよの教え）を説いておられるけれども、そのほんとうのおこころは、衆生に、一向に専ら弥陀仏の名《みな》を称《とな》えさせる、つまり本願を信じて念仏《ねんぶつ》申させることなのです。

では、善導大師は、その「ほんとうのおこころ」をどのようにして明らかにされたのでしょうか。

仏証《ぶっしょう》をこうて

「正信偈」の「善導独明仏正意」について、蓮如上人《れんにょしょうにん》は『正信偈大意《しょうしんげたいい》』に、次のように書かれています。

浄土門《じょうどもん》の祖師《そし》そのかずこれおおしといえども、善導にかぎりひとり仏証《ぶっしょう》をこうて、あやまりなく仏《ぶつ》の正意《しょうい》をあかしたまえり。

（『真宗聖典』756頁）

ここに「仏証をこうて」とあります。「仏証を請《こ》う」ことによって、仏の正意を明らかにしたのだというのです。「仏証を請う」とは、諸仏《しょぶつ》の証明を請うということです。諸仏の証明を請うとはどういうことでしょうか。

『観経疏』の終わりのところに、「証《しょう》を請《こ》う」という言葉が出てきます。

この義《ぎ》すでに証を請いて定《さだ》めおわんぬ。一句一字も加減《かげん》すべからず。

（『真宗聖教全書一』560頁）

「証を請うて書いてきたのがこの『観経疏』である。一句一字も書き換えてはならない」というのです。自分が書いたものを、一句一字も書き換えてはならないとは、なんとも傲慢な物言いに聞こえます。なぜ善導大師は、そのような言い方をされたのでしょうか。金子大榮《かねこだいえい》師が、次のようにおっしゃっています。

善導大師はその当時の人々の解釈をご覧になりまして、どうも違う、どうも自分が『観無量寿経』を読むときの感じというものと、これらの人々の解釈とは違う、しかしみんなお偉い方が解釈しておられるのであるから、にわかにそうでないと言うわけにはいかない、といっても自分の胸に落ち着かぬようなものを信ずることはできない、私はどうしても『観無量寿経』というものはこういうお経でなくてはならぬと思う、――ということで筆を執《と》って書かれたのが、『観経』に対する四冊の書物であります。

（『高僧和讃講話』下巻53～54頁）

ここに言われる「『観経』に対する四冊の書物」が『観経疏』です。「当時の人々の解釈」、「お偉い方」の解釈では、自分の胸に落ち着かない。『観経』に説かれる教えを自分自身のこととして問い続け、この身に響いたことを、念仏申して生きた諸仏に証明を請うた。そして、諸仏によって証明されたことを『観経疏』として著《あらわ》したのです。自分勝手な考えではなく、諸仏の証明を通して、この身の上に仏《ぶつ》の正意《おこころ》を明らかにした。だからこそ、一句一字も書き換えることができないのです。

譬《たと》えは教え

和讃の三句目に、「貪瞋二河《とんじんにが》の譬喩《ひゆ》をとき」とあります。「貪瞋二河の譬喩」とは、善

導大師が『観経疏』の中で、

譬えば、人《ひと》ありて西《にし》に向《む》かいて行《ゆ》かんと欲《ほっ》するに

（『真宗聖典』219頁）

という言葉からはじめられる「二河白道《にがびゃくどう》の譬喩」のことです。「貪」はむさぼりで、水の河に、「瞋」はいかりで、火の河にたとえられます。その二つの河のあいだに、わずか四五寸《しごすん》ばかりの白道がある。道を求める心をおこした行者がその道を歩んでゆくという譬えです。

この二河白道の譬喩について、蓬茨祖運《ほうしそうん》先生は、次のようにおっしゃいます。

「譬えば、人ありて西に向かいて行かんと欲するに」とは、動物として何の疑いも持たずに生きていたものが、何のために生きているのか、何をめざして生きてゆくのか、心の内部から問いがこみあげてきたことをいうのであります。

（『二河白道の譬喩』15頁）

二河白道の譬喩とは、善導大師自身の中からこみ上げてきた問いが出発点なのです。

何かを理論的に明らかにするための譬喩ではなく、自身の中に生まれた問いを、その人生をかけて問われた、その軌跡が譬喩となったのです。

金子師は、次のように述べられます。

「二河白道の譬《たとえ》」それは善導大師の自叙伝であり、人生観であります。したがって求道の歴程ともいうべきものでありましょう。

(『和讃日日 続』46頁)

二河白道の譬喩は、人生の書きものです。「譬え」は「教え」です。その「教え」は善導大師の「人生」です。

どのような人にとっても

善導大師は、その人生をかけて問われたことを、二河白道の譬喩として説いてくださった。そのことによって、弘願《ぐがん》の信心《しんじん》を守護してくださった。阿弥陀仏《あみだぶつ》の本願を信じ念仏する道を明らかにしてくださったのです。

そのことを、蓬茨先生は、

どのような劣等感に沈んでいるものにも自身を信ぜしめた
（『二河白道の譬喩』11～12頁）

とおっしゃっておられます。

　どのような人にとっても、私たちが人間に生まれたという意味は、教えに出遇《であ》っていく道を歩むということです。それは、わが思いを求める人生から、本願をいただいていく人生への転換をうながし続けているはたらき（南無阿弥陀仏《なむあみだぶつ》）に出遇っていく道なのです。

　その道があらゆる人に開かれている道であることを、諸仏の証明を通して、身をもって教えてくださった善導大師を讃えるのが、今回の和讃なのだと思います。

煩悩《ぼんのう》にまなこさえられて
摂取《せっしゅ》の光明《こうみょう》みざれども
大悲《だいひ》ものうきことなくて
つねにわが身《み》をてらすなり

（『高僧和讃』、『真宗聖典』497～498頁）

〔意訳〕
阿弥陀仏《あみだぶつ》が私を摂《おさ》めとってくださっている光明《こうみょう》は、煩悩《ぼんのう》にさえぎられて見ることができません。にもかかわらず（だからこそ）、阿弥陀仏の大いなる悲しみの心は、けっして、見放さず、見捨てず、常にわが身を照らしているのです。

悲歎《ひたん》と讃嘆《さんだん》の限りない深まり

人間として生きる道

今回の和讃は、親鸞聖人《しんらんしょうにん》が源信僧都《げんしんそうず》の教えに依って作られた「源信和讃」（10首）からの1首です。

源信僧都は、幼くして父親と死別し、母親の願いもあって、比叡山《ひえいざん》に登り、比叡山中興《ちゅうこう》の祖《そ》とされる良源《りょうげん》に師事しました。そして、「仏法《ぶっぽう》の棟梁《とうりょう》」（仏法の中心となる方）、「善根《ぜんごん》の屋宅《おくたく》」（徳が身に詰まっている方）と讃《たた》えられるまでになります。

しかしながら、母親の諫《いさ》め（「名利《みょうり》に溺《おぼ》れるのでなく、真の仏道《ぶつどう》を求め、この母を救ってほしい」）の言葉に、仏道とは何であるかをあらためて問い直され、比叡山のはずれの横川《よかわ》に隠棲《いんせい》し、念《ねん》仏三昧《ぶつさんまい》の生涯を送られることになります。

この源信僧都の問い直しについて、宮城顗《みやぎしずか》先生が、次のように述べてくださっています。

仏道を学ぶということは、決して、仏教についてあれこれの知識を増やすことではなかったのです。そうではなくて、われ、ひとともに人間として生きる道をあきらかにするところにこそあったのです。

（『和讃に学ぶ 高僧和讃』90～92頁）

母親の諫めの言葉に、観念の仏教を追い求めるのではなく、生涯をかけて「人間として生きる道」としての仏道を明らかにして、その道を『往生要集《おうじょうようしゅう》』に著《あらわ》してくださったのが源信僧都なのです。

『往生要集』

源信僧都は、多くの著作を残されるのですが、なかでも『往生要集』は、浄土教《じょうどきょう》の興隆に非常に大きな影響を与えた著作です。その冒頭には、『往生要集』撰述の理由が、次のように述べられます。

予《よ》がごとき頑魯《がんろ》の者、あに敢えてせんや。このゆえに念仏《ねんぶつ》の一門に依って、いささか経論《きょうろん》の要文《ようもん》を集《あつ》む。

（『真宗聖教全書一』729頁）

〔意訳〕（往生極楽のために多くの教えが説かれていますが、）私のように愚かな者には修めることができません。ですから、念仏こそが往生《おうじょう》の行《ぎょう》であることを明らかにするために、要《かなめ》となる大切な経論を集めたのです。

『往生要集』は、源信僧都が、「予がごとき頑魯の者」、つまり凡夫《ぼんぶ》の自覚に立って、「人間として生ききる道」は念仏のほかにはないことを明らかにした書物です。

今回の和讃は、『往生要集』の次の文に依っています。

我亦在彼摂取之中《がやくざいひせっしゅしちゅう》　煩悩障眼雖不能見《ぼんのうしょうげんすいふのうけん》　大悲無倦常照我身《だいひむけんじょうしょうがしん》

〔訓読〕我《われ》またかの摂取《せっしゅ》の中にあれども、煩悩眼《ぼんのうまなこ》を障《さ》えて見たてまつるにあたわずといえども、大悲《だいひ》倦《もの》きことなくして常に我が身を照らしたまう。

（『真宗聖教全書一』809頁）

親鸞聖人は、「正信偈《しょうしんげ》」にこの文をほぼそのまま、

我亦在彼摂取中《がやくざいひせっしゅちゅう》　煩悩障眼雖不見《ぼんのうしょうげんすいふけん》　大悲無倦常照我《だいひむけんじょうしょうが》

〔訓読〕我《われ》また、かの摂取《せっしゅ》の中にあれども、煩悩《ぼんのう》、眼《まなこ》を障《さ》えて見たてまつらずといえども、大悲倦《だいひものう》きことなく、常に我《われ》を照《てら》したまう（『真宗聖典』207頁）

とうたわれています。また、『教行信証《きょうぎょうしんしょう》』の「信巻《しんのまき》」（『真宗聖典』222〜223頁）、『尊号真像銘文《そんごうしんぞうめいもん》』（『真宗聖典』525頁）などにも引文《いんもん》されており、親鸞聖人が、この『往生要集』の三句の文をいかに大切にされたのかがうかがえます。

倦きことなく「つねに」

親鸞聖人は、この『往生要集』の文の一句目と二句目を、「煩悩にまなこさえられて摂取の光明《こうみょう》みざれども」とうたわれます。

「さえる」は「障《さ》える」で、邪魔をするという意味です。煩悩が邪魔をして、摂取の光明を見えなくしているのです。

にもかかわらず、「大悲《だいひ》ものうきことなくて　つねにわが身をてらすなり」と、阿弥陀《あみだ》仏《ぶつ》の大悲の心がわが身を照らしている。

この「ものうきことなくて」に、親鸞聖人は次の左訓《さくん》（本書28頁参照）をされています。

ものうきことなくてというは、おこたりすつる心なしとなり。

（『親鸞聖人真蹟集成』第三巻246頁を参照）

〈意訳〉ものうきことなくてとは、放っておく心、見捨てる心がないということです。

今、この身を照らしてくださっている阿弥陀仏の大悲の心は、この私をけっして見放さない、見捨てないという心です。その心は、いつでも、どこでも「つねに」わが身を照らしているのです。

悲歎と讃嘆の深まり

さて、この和讃のもとになる『往生要集』の文では、我またかの摂取の中にあれども、煩悩眼を障えて見たてまつるにあたわずといえども、大悲倦きことなくして常に我が身を照らしたまう。

と、「あれども」と「いえども」という言葉が重ねて使われていました。この重ねられた「ども」について、宮城先生は、次のようにおっしゃいます。

「ども」「ども」が重なっているということは、一方が解決して、一方になったということではないのです。

（『正信念仏偈講義』第五巻149頁）

煩悩に眼をさえられて見たてまつらずということが解決して、摂取の中に収められるのではありません。摂取の中にあっても、なお煩悩に眼をさえられている。煩悩に眼をさえられているけれども、もうすでにかの摂取の中にある。

ですから、煩悩にさえぎられて見ることができないということが、実は「常に我が身を照らしたまう」ということを証《あかし》しているのです。

言葉を換えれば、煩悩にさえぎられて見ることができないという「悲歎」と、阿弥陀仏の大いなる悲しみの心が常にわが身を照らしているという「讃嘆」とが、同時に自覚されているのです。

つまり、この和讃にうたわれていることは、大悲の心にうながされた悲歎と讃嘆の限りない深まりでしょう。この悲歎と讃嘆の限りない深まりが、宮城先生の言われる「われ、ひとともに人間として生ききる道」、源信僧都が歩まれた道であると言えるのではないでしょうか。

智慧光《ちえこう》のちからより
本師源空《ほんじげんくう》あらわれて
浄土真宗《じょうどしんしゅう》をひらきつつ
選択本願《せんじゃくほんがん》のべたまう

（『高僧和讃』、『真宗聖典』498頁）

〈意訳〉
阿弥陀仏《あみだぶつ》の智慧《ちえ》を表す勢至菩薩《せいしぼさつ》が、法然上人《ほうねんしょうにん》となってこの世に現れ出て、この私の上に「浄土真宗《じょうどしんしゅう》」という教えをひらき続け、阿弥陀仏の願いである念仏《ねんぶつ》を届けてくださっているのです。

私の上にひらかれ続けていく教え

智慧光《ちえこう》のちからより

『高僧和讃《こうそうわさん》』の最後に、親鸞聖人《しんらんしょうにん》の師である法然上人《ほうねんしょうにん》の和讃（「源空和讃」20首）から1首を取り上げます。

はじめに、「智慧光のちからより　本師源空《ほんじげんくう》あらわれて」とあります。「本師」は、「根本の師」、つまり仏さまのことを指す言葉です。「源空」は、法然上人のことです。「法然」は房号《ぼうごう》で、正式な名は「源空」（法然房源空《ほうねんぼうげんくう》）なのですが、「法然上人」と呼ぶのが一般的になっています。

親鸞聖人は、仏の教えを、自らの身をもって伝えてくださった方という意味で、法然上人のことを「本師源空」と言っています。その法然上人が「智慧光のちからより」「あらわれ」たとは、どういうことでしょうか。

『仏説観無量寿経《ぶっせつかんむりょうじゅきょう》』に、「智慧光のちから」が、次のように説かれています。

智慧《ちえ》の光《ひかり》をもって普《あまね》く一切を照らして、三塗《さんず》を離れしむるに無上力《むじょうりき》を得たり。このゆえにこの菩薩《ぼさつ》を号《ごう》して、大勢至《だいせいし》と名づく。

（『真宗聖典』109頁）

〔意訳〕（この菩薩には、）智慧の光でひろくすべてを照らし、地獄《じごく》・餓鬼《がき》・畜生《ちくしょう》の世界の苦しみから人々を救う、この上もない力がそなわっています。ですから、この菩薩を、大勢至菩薩とお呼びするのです。

つまり、「智慧光のちから」は、私たちを苦しみから救うはたらきです。そのはたらきが勢至菩薩と表現されているのです。

親鸞聖人のひまごにあたる覚如上人《かくにょしょうにん》（1270〜1351）が著《あらわ》された『御伝鈔《ごでんしょう》』には、次の記述があります。

大師聖人《だいししょうにん》すなわち勢至《せいし》の化身《けしん》、太子《たいし》また観音《かんのん》の垂跡《すいしゃく》なり。

（『真宗聖典』725頁）

〔意訳〕私（親鸞）にとって、法然上人こそ智慧のはたらきである勢至菩薩です。聖徳太《しょうとくたい》子《し》は慈悲《じひ》のはたらきである観音菩薩《かんのんぼさつ》です。

このように、親鸞聖人は法然上人を勢至菩薩であるとおっしゃっています。そのことが、今回の和讃にもうたわれているのです。

浄土真宗《じょうどしんしゅう》

さて、続けて「浄土真宗をひらきつつ」とあります。ここでまず確認したいのが、「浄土真宗」とは単なる宗派の名称ではないということです。「真宗」とは「まこと（真）のむね（宗）」、「真の依《よ》り処《どころ》」という意味です。仏教讃歌のひとつ、『真宗宗歌』の一番の最後の歌詞に「まことのみむねいただかん」とあります。その「まこと（真）のみむね（宗）」です。「浄土真宗」とは「浄土を真《まこと》の宗《むね》とする」教えのことです。強調するならば「浄土こそ真の宗である」と言ってもいいかもしれません。「宗《むね》」とするというのは、ただただその教えに依って生きられた、歩まれたということでしょう。そして、その法然の教え、法然の歩みが、親鸞聖人にとっての「宗」となったのです。ですから、親鸞聖人が法然上人に出遇《であ》われた、その出遇いの中に「浄土真宗」がひらかれたのだと言えるのではないでしょうか。

真宗興隆《しんしゅうこうりゅう》の大祖《たいそ》

先ほど引用した『御伝鈔』は、法然上人が智慧のはたらきである勢至菩薩だと述べられたあと、次のように続けられています。

このゆえにわれ二菩薩《にぼさつ》の引導《いんどう》に順《じゅん》じて如来《にょらい》の本願《ほんがん》をひろむるにあり。真宗茲《しんしゅうこれ》によって興《こう》じ、念仏斯《ねんぶつこれ》によって煽《さかん》なり。

（『真宗聖典』725頁）

〔意訳〕ですから、私（親鸞）は、勢至菩薩（法然上人）と観音菩薩（聖徳太子）の導きによって、阿弥陀仏《あみだぶつ》の本願念仏《ほんがんねんぶつ》の教えをいただいて、それをひろめるのです。この導きによって真宗は興《おこ》り、念仏はさかんなのです。

親鸞聖人は、『教行信証《きょうぎょうしんしょう》』の「後序《ごじょ》」にも、

真宗興隆の大祖源空法師《げんくうほっし》

（『真宗聖典』398頁）

と言われます。つまり、「浄土真宗」をひらかれたのは、法然上人だとおっしゃっているのです。

さらに、今回の和讃には、「浄土真宗をひらきつつ　選択本願《せんじゃくほんがん》のべたまう」とうたわれていますから、法然上人は、具体的には「浄土真宗」を、選択本願の念仏、つまり南無阿《なむあ》弥陀仏《みだぶつ》として明らかにされたのです。

ひらきつつ

さて、「浄土真宗をひらきつつ」の「つつ」には、どういう意味が込められているのでしょうか。古語辞典にはこうあります。「古語の「つつ」は、現代語の「つつ」にはない反復の意味が中心で、これを同時並行・継続の意味としがちであるから注意」(『古語林』)。

「浄土真宗」をひらくということ、あるいは真宗興隆ということは、一回かぎりのことではなく、私たち一人ひとりに繰りかえされることなのではないでしょうか。何より、親鸞聖人がそうだったのでしょう。29歳の時に、法然上人と出遇い、「浄土真宗」という教え、本願念仏の教えに帰依《きえ》されます。それを『教行信証』に、

雑行《ぞうぎょう》を棄《す》てて本願《ほんがん》に帰《き》す。（『真宗聖典』399頁）

と、記されたのでした。しかしまた、86歳を過ぎて、

浄土真宗に帰すれども　真実の心《しん》はありがたし
虚仮不実《こけふじつ》のわが身にて　清浄《しょうじょう》の心《しん》もさらになし
（『真宗聖典』508頁）

と、和讃にうたわれるのです。

「浄土真宗に帰す」ということは、「虚仮不実のわが身」を知らされ、また、知らされ続けていくことに他なりません。「浄土真宗」という教えは、誰でもない、この私の上にひらかれるのです。つまり、一度出遇って終わりというものではない。その教えに出遇っていくということは、その教えが、生涯を通して私の上にひらかれ続けていくということでしょう。

「選択本願のべたまう」の「のべる」は、「述べる」「陳べる」「宣べる」（ことばで言い表す）ということに加えて、「延べる」「伸べる」（長くのばす、さしのべる）ということでしょう。つま

り、具体的なはたらきとなって、この私のところにまで届いているということではないでしょうか。

「阿弥陀仏の願いである南無阿弥陀仏が、法然上人、つまり勢至菩薩を通して、実際に「虚仮不実の身」であるこの私にまで届けられている。その感動をうたわれた和讃が、この和讃であると思います。

Ⅲ　正像末和讃

釈迦如来《しゃかにょらい》かくれましまして
二千余年《にせんよねん》になりたまう
正像《しょうぞう》の二時《にじ》はおわりにき
如来《にょらい》の遺弟悲泣《ゆいていひきゅう》せよ

（『正像末和讃』、『真宗聖典』500頁）

〔意訳〕
お釈迦《しゃか》様が入滅《にゅうめつ》されて、二千余年《にせんよねん》が過ぎました。正法《しょうぼう》と像法《ぞうぼう》の時代はすでに終わってしまいました。遺《のこ》された仏弟子《ぶつでし》は、まったく悲泣《ひきゅう》すべきなのです。

末法《まっぽう》という時代の悲しみ

「正像末《しょうぞうまつ》」の時代

今回より、『正像末和讃《しゅうぞうまつ》』から7首を取り上げます。

まず、「正像末」とは何でしょう。親鸞聖人《しんらんしょうにん》は、『教行信証《きょうぎょうしんしょう》』「化身土巻《けしんどのまき》」に、道綽禅師《どうしゃくぜんじ》の『安楽集《あんらくしゅう》』から、次の言葉を引かれています。

いわく釈迦牟尼仏一代《しゃかむにぶついちだい》、正法《しょうぼう》五百年、像法《ぞうぼう》一千年、末法《まっぽう》一万年には衆生減《しゅじょうげん》じ尽《つ》き、諸経《しょきょう》ことごとく滅《めつ》せん。

（『真宗聖典』359頁）

〈意訳〉お釈迦様がおられた時代、その後五百年の正法の時代、その後千年の像法の時代、そしてその後一万年の末法の時代があり、衆生の数は減り、諸経はことごとく滅びるのです。

釈尊《しゃくそん》が亡くなられた後、正しい教えが続くのは五百年で、それを「正法」と言います。

その時代の後の千年は、教えが「像」、つまり形だけになってしまう「像法」の時代になります。続けてその後には、教えがまったくはたらかない「末法」の時代がやってくるのだと言うのです。そして、すでに道綽禅師の『安楽集』に、

当今《とうこん》は末法なり。（『真宗聖典』338頁）

の言葉が引かれているように、今は末法の時代なのです。

そのことが、今回の和讃に、

釈迦如来《しゃかにょらい》かくれましまして
二千余年《にせんよねん》になりたまう
正像の二時《にじ》はおわりにき

とうたわれているのです。

『正像末和讃』の出発点

親鸞聖人は、『浄土和讃《じょうど》』と『高僧和讃《こうそう》』を76歳の時に書き上げられますが、しばらく経って、85歳の時に『正像末和讃』を書き始めたと考えられています。

『浄土和讃』は、その名の通り「浄土を讃《たた》える」和讃ですし、『高僧和讃』は、「本願《ほんがん》を明らかにした高僧を讃える」和讃です。

では、『正像末和讃』は、何を讃えている和讃なのでしょうか。「正像末の三時を讃える」というと何かおかしいようです。しかし、少なくとも、正像末の三時が何を表現しているのか。そして、末法の時代に生きるということがどういうことなのか。そういったことを、親鸞聖人ご自身の課題とされて、この『正像末和讃』が作られたということは言えるのではないでしょうか。

そして、その出発点が、「如来の遺弟悲泣《ゆいていひきゅう》せよ」という言葉なのです。「悲泣せよ」とは、「悲しんで泣きなさい」ということです。悲しんだり泣いたりすることは、私たちができれば避けたいことでしょう。なぜ悲しまなければならないのか。悲しむことにどのような意味があるのか。「如来の遺弟悲泣せよ」。親鸞聖人は、この言葉にどのような思いを込められたのでしょうか。

如来の遺弟悲泣せよ

先ほど、悲しんだり泣いたりすることは、私たちができれば避けたいことであると言いました。にもかかわらず、なぜ親鸞聖人は、「悲しんで泣きなさい」とおっしゃるのでしょうか。

末法という時代は、正法がわからなくなる時代です。正法の時代が終わり、像法の時代も終わっている。何が正しい教えなのか、わからなくなっているのです。しかしながら、私たちは本当にそう思っているのでしょうか。そうは言いながらも、やはり、どこかに正しい教えがあるはずだと思っているのではないでしょうか。

「どこかに正しい教えがあるはずなんだけれども、今はまだわからない」というのと、「どこにも正しい教えなどというものは無いから、わかりようがない」というのでは意味が違います。

すでに正しいことがわからなくなっている時代なのである。どこかにあるはずだと思っていたものが実は無かったのだ。そして、その「わからない」、もっと言えば「わかりようがない」という悲しみに立つことのほかに、「真の仏教」に出遇《であ》っていく道はないのだ。そのことに気づきなさい。これが、「如来の遺弟悲泣せよ」という言葉に込められた、親鸞聖人のおこころなのではないでしょうか。

わからないということに目覚める

末法という時代を生きているがゆえに、正しい教えがわからない、わかりようがない。しかしながら、裏を返せば、そのことに目覚めさせてくれるのが、末法という時代なのです。

大谷大学教授の木越康《きごしやすし》先生が、次のようにおっしゃっています。

わたしたちは夢を見るのでしょう。「わたしも修行して仏陀《ぶっだ》になれるのだ」と。しかし、その夢にわたしたちは破れなければならないのです。その夢を破る大きな機縁となるのが、末法であり法滅《ほうめつ》です。末法にならないと、われわれ凡夫《ぼんぶ》には、わからないのです。成仏の夢から覚めないのです。経道滅尽《きょうどうめつじん》の時にいたってはじめて、夢から覚醒してわたしたちが帰すべき真の仏教が明らかになるわけです。そこでこそ、本願の道が輝き出すのです。

（『正像末和讃を読む』106頁）

末法という時代が、私たちに「帰すべき真の仏教」を明らかにするのです。正像の二時はすでに終わってしまった。正法（正しい教え）はもちろん、像法（形だけの教え）ですらわからない（だから修行することもできない）末法という時代を生きている。そのことを「悲しむ」ところに、「真の仏教」との出遇いがはじまるのだということではないでしょうか。

本願に出遇う

先ほどの引用の最後に、木越先生は、「そこでこそ、本願の道が輝き出すのです」とおっしゃっています。「そこ」とは、「末法」であり「経道滅尽の時」ということですが、もっと言えば、「悲しみ」、「悲泣」ということでしょう。「悲しみ」が本願に通じていくのです。

金子大榮《かねこだいえい》師は、次のようにおっしゃいます。

思えば弥陀の「悲《ひ》」願《がん》ということも「悲」泣の心においてのみ感ぜられるものであろう。人と生まれし悲しみを知らないものには、如来の悲願は感ぜられない。

（『和讃日日』65頁）

私たちが阿弥陀仏《あみだぶつ》の本願《ほんがん》に出遇う、その出遇いは、何が正しい教えなのかわからない時代を生きているのだという時代の悲しみの上に、そのような時代に人として生まれてきたという悲しみの上にこそ、開かれてくるものなのでしょう。

そのことのよろこびを、親鸞聖人が、『正像末和讃』の第1首に、「如来の遺弟悲泣せよ」とうたってくださっているのです。

弥陀《みだ》の尊号《そんごう》となえつつ
信楽《しんぎょう》まことにうるひとは
憶念《おくねん》の心《しん》つねにして
仏恩報《ぶっとんほう》ずるおもいあり

（『正像末和讃』、『真宗聖典』503頁）

〔意訳〕
南無阿弥陀仏《なむあみだぶつ》の尊《とうと》い名号《みょうごう》が、それを称《とな》え、聞かせていただく生活を送るこの身に、憶念《おくねん》の心として与えられているのです。そして、それはそのまま、仏恩報《ぶっとんほう》ずるおもいなのです。

感謝する心

敬う心、喜ぶ心

今回の和讃は、『正像末和讃《しょうぞうまつわさん》』にある和讃ですが、ほぼ同じ和讃が、『浄土和讃《じょうどわさん》』のはじめ(冠頭《かんとう》)に置かれています。

弥陀《みだ》の名号《みょうごう》となえつつ　信心《しんじん》まことにうるひとは
憶念《おくねん》の心《しん》つねにして　仏恩報《ぶっとんほう》ずるおもいあり
(『真宗聖典』478頁)

この和讃では、「尊号《そんごう》」が「名号」に、「信楽《しんぎょう》」が「信心」になっています。いずれも同じ内容を表している言葉ですが、金子大榮《かねこだいえい》師は、「強《し》いて申せば」との前置きの上で、次のようにおっしゃっています。

冠頭の名号・信心は法の徳を現し、今の尊号・信楽は機《き》の心を感ぜしめるものがあるといえましょうか。
(『和讃口日』107頁)

それぞれ、「尊号」、「名号」は、南無阿弥陀仏《なむあみだぶつ》のことです。「信楽」、「信心」は、疑いなく信ずることで、真実信心《しんじつしんじん》を指します。

「尊号」は南無阿弥陀仏を「尊い」という言葉で形容し、「信楽」は信心を「楽」の字をそえて表現しています。親鸞聖人《しんらんしょうにん》は、この「信楽」の「楽」の字について、『教行信証《きょうぎょうしんしょう》』「信巻《しんのまき》」に次のように解説をしています。

「楽《ぎょう》」はすなわちこれ欲なり、願なり、愛なり、悦《えつ》なり、歓なり、喜なり、賀なり、慶なり。

（『真宗聖典』223頁）

「楽」の字は、ねがう、よろこぶという意味なのです。『正像末和讃』は、親鸞聖人最晩年の制作ですが、「尊号」と敬う心、「信楽」と喜ぶ心を込めてお作りになったのが今回の和讃なのでしょう。

南無阿弥陀仏の生活

はじめに、「弥陀の尊号となえつつ　信楽まことにうるひとは」とあります。古語の「つつ」は、現代語の「つつ」にはない反復の意味が中心であると、前々回（本書153頁参照）に確認しました。ですから、ここでも、繰りかえし繰りかえし弥陀の尊号を称《とな》えるという意味になります。

南無阿弥陀仏と称えたから信心を得る、のではありません。信心を得たから南無阿弥陀仏と称える、のでもありません。あくまでも、繰りかえし繰りかえし南無阿弥陀仏と称える中で、私たちは真実信心をいただいていくのです。

それは、日常の、日々の生活の中で南無阿弥陀仏と称えていくということでしょう。私たちの日常は、自己主張と自分中心の見方で成り立っています。私の思いを中心に生きている。そのことによって、他者とのつながりを断ち、孤立していくのです。

その自分中心のわが身に気づかされ続けていく営みが、「弥陀の尊号称えつつ　信楽まことにうる」という営み、つまり、南無阿弥陀仏と名号を称え、聞かせていただく生活を送るということなのでしょう。

そして、その生活の中で、この身に与えられているのが、この和讃の後半にうたわれている、「憶念の心」「仏恩報ずるおもい」なのです。

憶念の心

この「憶念の心」とは、どういう心なのでしょうか。

「憶念」の「念」は、「今」＋「心」です。「今」は「含」に通じ、心に含んで忘れないという意味になります。

「憶念」の「憶」は、部首の立心偏《りっしんべん》は心をあらわします。右側の「意」は、「音」＋「心」です。「意」を漢和辞典で引くと、「音は、人の言葉とならないおとの意味。言葉になる前の、おもいの意味を表す」（『漢語林』「解字」）とあります。

その、「言葉になる前の、おもい」を心の内に思いはかるのが「憶」の意味です。

また、「経験したことを記憶し、その記憶したことを思い出すこと」も「憶」の意味になります（『常用字解』）。

「言葉になる前の、おもい」を「本願《ほんがん》」と受け取ってみましょう。その「本願」が私の中に記憶されていて、いつでも思い出される、というのが「憶」、「憶念の心」なのでしょう。

親鸞聖人は「憶念」について、『唯信鈔文意《ゆいしんしょうもんい》』に次のようにおっしゃいます。

憶念は、信心をえたるひとは、うたがいなきゆえに、本願をつねにおもいいずるこころのたえぬをいうなり。
（『真宗聖典』551頁）

「信心をえたるひと」とあります。今回の和讃では、「弥陀の尊号称えつつ　信楽まことにうる」ですから、繰りかえし南無阿弥陀仏と称えて信心をいただいていくのです。あくまでも、念仏《ねんぶつ》申すということの上に「本願をつねにおもいいずるこころのたえぬ」ということが成り立つのでしょう。

金子師は、次のように述べられます。

しかれば憶念の心とは記憶していて忘れないことに違いありません。しかるに記憶といえば私が覚えているようでありますがそうではありません。記憶が私を支えているのではありませんか。
（『和讃日日　続』175頁）

「憶念の心」を私がもつのではなく、あくまでも「弥陀の尊号称えつつ　信楽まことにうる」ところに「憶念の心」が私に与えられ、私を支えている。「記憶が私を支えている」

とは、そういうことなのではないでしょうか。

仏恩報ずるおもいあり

そうしてみると、「仏恩報ずるおもい」、仏さまのご恩に感謝する心も、南無阿弥陀仏と念仏申す生活の中で、いただかれてくる心なのでしょう。

自己主張と自分中心の見方が私たちの日常です。そこからは、どんな感謝の心も生まれてきません。

自分の思いが中心ですから、思い通りになれば自分を誇り、思い通りにならなければ自分を卑下《ひげ》します。周りに対して文句を言い、愚痴《ぐち》を吐き、人と比べて優越感を感じたり、劣等感に沈んだりを繰りかえしているのです。

そこには、ほんとうの意味での満足は無いのでしょう。

南無阿弥陀仏と称える中で、自分の思いに振り回されている私に、ほんとうの意味での満足、つまり感謝する心が与えられる。だから、南無阿弥陀仏を尊号と言うのでしょう。

このように、繰りかえし南無阿弥陀仏と称える生活の中で、この私に「ありがとう」の心が与えられていくのですよ、と教えてくださっているのが、「仏恩報ずるおもいあり」

と結ばれる、今回の和讃なのだと思います。

如来大悲《にょらいだいひ》の恩徳《おんどく》は
身《み》を粉《こ》にしても報《ほう》ずべし
師主知識《ししゅちしき》の恩徳《おんどく》も
ほねをくだきても謝《しゃ》すべし

（『正像末和讃』、『真宗聖典』505頁）

〔意訳〕
阿弥陀仏《あみだぶつ》の大悲《だいひ》から生まれた本願《ほんがん》がこの私にはたらいてくださっている恩徳《おんどく》は、身《み》を粉《こ》にしても報《むく》いていくのです。諸仏《しょぶつ》・諸《しょ》師《し》たちが私に教えを伝えてくださっている恩徳も、骨を砕《くだ》いても感謝していくのです。

「恩徳讃《おんどくさん》」という教え

「恩徳讃」と報恩講《ほうおんこう》

今回の和讃は、寺院の法要や学習会などで最後にうたわれる「恩徳讃」として、広く親しまれている和讃です。また、真宗門徒にとって一年の中でもっとも大切な仏事《ぶつじ》である報恩講において勤《つと》められる和讃でもあります。

毎年、11月21日から28日まで、京都にある真宗本廟《しんしゅうほんびょう》(東本願寺)では、親鸞聖人《しんらんしょうにん》の御正忌《ごしょうき》報恩講が勤まります。親鸞聖人の祥月命日《しょうつきめいにち》である11月28日の御満座《ごまんざ》は、前後左右に体を動かしながら念仏《ねんぶつ》と和讃がよまれる「坂東曲《ばんどうぶし》」で勤められますが、その時に最後によまれる和讃(結讃《けっさん》)が「恩徳讃」です。

全国の寺院などにおいても、この時期に前後して報恩講が勤まり、この「恩徳讃」がよまれています。

報恩講は、親鸞聖人の教えに出遇《であ》わせていただいた御恩に報《むく》いる(報恩)仏事ですが、その時にうたわれる和讃は、まさに親鸞聖人ご自身が御恩に報いることを師から「教えられた」和讃なのです。

厳しい表現

はじめに、「如来大悲《にょらいだいひ》の恩徳」とあります。「如来」は阿弥陀如来《あみだにょらい》（阿弥陀仏《あみだぶつ》）です。「大悲」は阿弥陀仏の大いなる慈悲の心ですが、その「恩徳」と言った場合、具体的には、その慈悲の心から生まれた阿弥陀仏の本願《ほんがん》がこの私にはたらいてくださっている恩徳ということです。その阿弥陀仏の大悲の本願の恩徳は、「身《み》を粉《こ》にしても報《ほう》ずべし」とうたわれています。

続けて、「師主知識《ししゅちしき》」の「師主」は先生、「知識」は友だちです。私を教えに導いてくださる先生と友だちの恩徳にも、「ほねをくだきても謝すべし」とおっしゃっているのです。

「身を粉にしても」、「ほねをくだきても」と、たいへん厳しい表現です。「親鸞聖人だから、そんなことが言えるんだ」、「私にはとても無理です」。そんな言葉が聞こえてきそうです。

親鸞聖人は、どのようなお気持ちでこの和讃をお作りになったのでしょうか。

聖覚法印《せいかくほういん》と善導大師《ぜんどうだいし》

本書のはじめに、親鸞聖人の和讃は、基本的にお聖教《しょうぎょう》にもとづいて制作されているということを書きました（本書11～12頁参照）。『正像末和讃《しょうぞうまつ》』には出典が特定しにくいものもありますが、やはりお聖教にもとづいて作られているのです。

この「恩徳讃」は、親鸞聖人の先輩である聖覚法印の「表白文《ひょうびゃくもん》」と善導大師の『観念《かんねん》法門《ぼうもん》』に出典があるとされています。

それぞれの文を見てみましょう。

聖覚法印の言葉は、法然上人《ほうねんしょうにん》のご法事の「表白文」で、親鸞聖人が直接『尊号真像銘《そんごうしんぞうめい》文《もん》』に引いて、解説をされています。

「粉骨可報之摧身可謝之《ふんこつかほうしざいしんかしゃし》」というは、大師聖人《だいししょうにん》の御《おん》おしえの恩徳のおもきことをしりて、ほねをこにしても報ずべしとなり。身をくだきても恩徳をむくうべしとなり。

（『真宗聖典』530頁）

「大師聖人」とは、法然上人のことです。法然上人の教えの恩徳の重いことを知って、「ほねをこにしても報ずべし」、「身をくだきても恩徳をむくうべし」と言われているのです。
「恩徳讃」では、「身」と「ほね」が入れ替わり、「身を粉にしても」、「ほねをくだきても」
となっていますが、善導大師の『観念法門』がそうなっているのです。

身を粉にし骨を砕《くだ》きて、仏恩《ぶっとん》の由来を報謝《ほうしゃ》して、本心に称《しょう》すべし　（『真宗聖教全書一』640頁）

「本心」は「仏の心」、「称す」は「かなう」ということです。「身を粉にし、骨を砕いて、仏恩のいわれに報謝して、仏の心にかなうのです」と言われています。

このように、聖覚法印と善導大師の言葉に依りながら作られた和讃が「恩徳讃」なのです。

思えば、親鸞聖人には、いったい何人の先生がおられたのでしょうか。親鸞聖人は、この和讃で、何か結論めいたことをおっしゃっているわけではないのでしょう。あくまでも、自身が出遇われた師（法然上人）の恩徳を、それこそ、その師の師である方（善導大師）と、その師の弟子（聖覚法印）の言葉に依りながらうたっておられるのです。数限りない師の恩との出遇いが表現された和讃が、今回の和讃だと思うのです。

「べし」の語感

さて、聖覚法印が「ほねをこにしても報ずべし」、「身をくだきても恩徳をむくうべし」と教え、善導大師が「身を粉にし骨を砕きて、仏恩の由来を報謝して、本心に称すべし」と教えてくださっているこの「べし」。そしてそれを受けて親鸞聖人が、「身を粉にしても報ずべし」、「ほねをくだきても謝すべし」とうたわれた「べし」には、どのような意味が込められているのでしょうか。

古語辞典を引くと、次のようにあります。

> 「べし」の意味の根本は、物事の動作・状態を「必然・当然の理として納得する外《ほか》はない状態である」と判断を下す点にある。（『岩波古語辞典』）

身を粉にして、骨をくだいて御恩に報いるなんてできない、と思っているのは私の思いです。その思いを超えて、私はいずれ骨になる身を生きています。

あるいは、たくさんの骨（亡き人）に支えられて生きているのです。どういう生き方をしていても、身は粉になっていくのです。

そうすると、「身を粉にする」「骨をくだく」というのは、私の一生涯をかけてという意味になるのではないでしょうか。

一生涯をかけて、阿弥陀仏の願いのはたらき、具体的には、私を教えに導いてくださる先生と友だちの御恩に報いていく道が、「必然・当然の理として」すでに与えられているのです。

報いていく道

「どうせ」(歎《なげ》き)と「なんで」(恨《うら》み)という小さな心で生きているのが私たちです。その小さな心で、如来もこの世をもはかろうとしているのが私たちなのではないでしょうか。

その私たちが南無阿弥陀仏《なむあみだぶつ》に出遇わせていただいて、迷いに迷いを重ねるあり方がひるがえされる。歎きと恨みで終わるしかない人生に光が与えられるのです。

「報われない」と歎き恨むしかない人生が、「報ずべし」の人生として与えられている人生であった。「恩徳讃」をうたいながら生きていく報恩の人生が与えられている。そのことを師から教えられた親鸞聖人のよろこびが、「恩徳讃」として私たちに伝えられているのです。

仏智《ぶっち》うたがうつみふかし
この心《しん》おもいしるならば
くゆるこころをむねとして
仏智の不思議《ふしぎ》をたのむべし

（『正像末和讃』、『真宗聖典』507頁）

〔意訳〕
私たちが仏さまの智慧《ちえ》を疑ってしまっているという罪《つみ》は、はかりしれないのです。この疑いの心の罪深さを思い知るならば、その悔いる心をむねとして、わが思いを超えた仏さまの智慧をたのむ者となってゆくのです。

くゆるこころ

疑惑罪過和讃《ぎわくざいかわさん》

さきに取り上げた「恩徳讃《おんどくさん》」は、『正像末和讃《しょうぞうまつわさん》』のはじめにおかれる「正像末法和讃《しょうぞうまっぽうわさん》」58首の最後の和讃でした。その「正像末法和讃」に続いて、親鸞聖人《しんらんしょうにん》は、仏智《ぶっち》を疑う罪について23首の和讃を作られました。この和讃の最後には、次の言葉がおかれています。

已上《いじょう》二十三首仏（智）不思議の弥陀《みだ》の御《おん》ちかいをうたがうつみとがをしらせんとあらわせるなり

（『真宗聖典』507頁）

〔意訳〕以上23首。仏智不思議の阿弥陀仏《あみだぶつ》の誓い（本願《ほんがん》）を疑う罪と過《あやま》ちを知らせるためにあらわしました。

この言葉によって、これらの23首の和讃は、「疑惑罪過和讃」と呼ばれています。その最後の和讃が、今回取り上げる和讃です。

仏智を疑う罪

はじめに、「仏智うたがうつみふかし」とあります。この23首の和讃では、仏智を疑惑することの罪が繰りかえし繰りかえし述べられます。親鸞聖人は、自身の著作においては、いずれも要点を簡潔に述べられます。

にもかかわらず、この「疑惑罪過和讃」においては、ほとんど同じような内容が幾度も繰りかえされているという指摘があります（『三帖和讃講義』869頁以下を参照）。

『正像末和讃』は、晩年、86歳頃の制作と考えられますから、それだけの歳になってなお、仏智を疑う罪ということが親鸞聖人の問題意識の中心にあったのだとうかがえます。

金子大榮《かねこだいえい》師が、この23首を通してうたわれていることを、次の3つにまとめられています。

(1) 本願を信ずるといいながら、罪福《ざいふく》を信ずる自力の心で念仏《ねんぶつ》している。

(2) そのような自力の念仏によって生まれる浄土《じょうど》は、真実の報土《ほうど》ではなく方便化土《ほうべんけど》である。

(3) その方便化土は、三宝《さんぼう》を見聞《けんもん》せず有情利益《うじょうりやく》もないので七宝《しっぽう》の牢獄にあるかのごとくである。

（『和讃日日』90頁を参照）

このことが仏智を疑う罪、仏さまの智慧を疑う罪であるとされ、そのことが繰りかえしうたわれているのです。

本願を信ずる

さて、「仏智を疑惑する」とは、「仏智を信じない」のではありません。そうではなくて、仏さまの智慧を信じているつもりでいながら、実は罪福を信じているという問題です。罪福とは、悪いことは行わず善いことをしようという、ある意味人間として当たり前の心です。けれどもその心は、自分の中にある善悪の基準を信じているのであって、本願を信じているのではありません。

そのことは自分ではわかりません。教えてもらうしかないのです。金子師が、次のようにおっしゃいます。

本願を信ずるとは、本願を疑わないことであります。だからその信は本願力《ほんがんりき》の廻向《えこう》であります。廻向とはいいただいいいたものということでしょう。

（『和讃日日』91頁。傍点は筆者）

本願を信ずるとは、私が本願を疑わない（信ずる）のではありません。本願に疑いがないことが、わが身の疑いの心を通して知らされるのです。それはあくまでも「いただいたもの」なのです。それが、今回の和讃の、「この心《しん》おもいしる」ということでしょう。これこそが信なのです。

疑と信

繰りかえしになりますが、今回の和讃にうたわれているのは疑いの心です。しかしながら、そこにうたわれているのは信ずるということなのです。疑いの心がなくなって信ずるのではありません。疑いの心を通して本願がいただかれてくるのです。そこには、「疑」と「信」の離れることのできない関係があります。

本当に親の心を感知することのできた子の心には「それはまことですか」という感激がありましょう。その「まことですか」という「か」は信でしょうか、疑でしょうか。それは疑の言葉をもって信を現わしたものでありましょう。

（『和讃日日』94頁）

まさに、「疑の言葉をもって信を現わし」ているのが、今回の和讃であり、「疑惑罪過和讃」です。仏智を疑う罪を思い知ることが信であり、その信が次に「くゆるこころ」と表現されているのです。

くゆるこころ

後半の二句は、「くゆるこころをむねとして　仏智の不思議をたのむべし」とうたわれます。この「くゆるこころ」とは、懺悔《さんげ》でしょう。この「くゆるこころ」もわが心ではありません。

私が懺悔するというのであれば、その悔いる心もまた我執《がしゅう》なのでしょう。そうではなくて、悔いる心も「いただいたもの」なのです。

金子師は、「信心《しんじん》は懺悔である」と述べた後、次のようにおっしゃっています。

したがって懺悔は、悔い改めよというような懺悔と違う。悔い改めるような懺悔はそれはこの世的なものであります。「懺悔の水をもって煩悩《ぼんのう》の垢《あか》を洗う」ということがあります。懺悔は悔い改めて救われるのではなくて、懺悔の水がわれわれを浄めていくのである。

（『高僧和讃講話』下巻139頁）

「懺悔の水がわれわれを浄めていく」。ただただ念仏申す中に、本願をいただいていく道が開かれてくるのです。ただただ、「くゆるこころをむねとして　仏智の不思議をたのむべし」と、親鸞聖人が自らの身を通して、力強くうたってくださっている和讃が、今回の和讃なのだと思います。

大慈《だいじ》救世《くせ》聖徳皇《しょうとくおう》
父《ちち》のごとくにおわします
大悲《だいひ》救世《くせ》観世音《かんぜおん》
母《はは》のごとくにおわします

（『正像末和讃』、『真宗聖典』508頁）

〔意訳〕
聖徳太子《しょうとくたいし》は、大いなる慈《いつく》しみをもって世をお救いになる父なのです。観世音菩薩《かんぜおんぼさつ》は、大いなる悲しみをもって世をお救いになる母なのです。

父のごとく母のごとく

太子和讃

『正像末和讃《しょうぞうまつ》』は、「正像末法和讃《しょうぞうまっぽう》」（58首）に続いて「疑惑罪過和讃《ぎわくざいか》」（23首）、さらに聖徳《しょうとく》太子《たいし》の御恩を讃《たた》えられる「皇太子聖徳奉讃《こうたいししょうとくほうさん》」11首が置かれています。

親鸞聖人《しんらんしょうにん》は聖徳太子について、『皇太子聖徳奉讃』75首を83歳の時に、『大日本国粟散《ぞくさん》王《おう》聖徳太子奉讃』114首を85歳の時に作っておられます。その生涯にわたって制作された五百数十首の和讃のうち、実に4割近くの和讃が聖徳太子を讃える太子和讃なのです。

夢告《むこく》

親鸞聖人は、生涯の重要な局面において、聖徳太子にその人生の方向性を尋ね、夢告を受けたと伝えられています。

比叡山《ひえいざん》で修行をされていた19歳の時に、河内国《かわちのくに》、磯長《しなが》の聖徳太子の御廟《ごびょう》に参籠《さんろう》し、「あなたの寿命はあと10年余りである」との夢告を受けられました。これは、10年後の本願《ほんがん》念仏《ねんぶつ》の教えとの出遇《であ》いを示唆《しさ》したものと考えられます。

また、29歳の時には、聖徳太子が建立したと伝えられる六角堂《ろっかくどう》に百日の参籠を決意し、95日目の明け方に、救世《くせ》観音《かんのん》の夢告を受けられました。

行者宿報設女犯《ぎょうじゃしゅくほうせつにょぼん》　我成玉女身被犯《がじょうぎょくにょしんぴぼん》　一生之間能荘厳《いっしょうしけんのうしょうごん》　臨終引導生極楽《りんじゅういんどうしょうごくらく》（『真宗聖典』725頁）

〔訓読〕行者宿報《ぎょうじゃしゅくほう》にてたとい女犯《にょぼん》すとも、我玉女《われぎょくにょ》の身となりて犯《ほん》せられん。一生の間《あいだ》能《よ》く荘厳《しょうごん》して、臨終《りんじゅう》に引導《いんどう》して極楽《ごくらく》に生ぜしめん。

〔意訳〕修行者よ、あなたが女性を傷つけずに生きられない身であるなら、私（救世観音）が女性となって、あなたの一生に添い遂げて極楽浄土《ごくらくじょうど》に導きましょう。

この夢告をうけて、親鸞聖人は法然上人《ほうねんしょうにん》のもとに向かわれたのでした。

聖徳太子と観世音菩薩《かんぜおんぼさつ》

いずれも、親鸞聖人が聖徳太子の本地《ほんじ》であると信じていた観世音菩薩《かんぜおんぼさつ》からの夢告でした。

親鸞聖人が、聖徳太子を観世音菩薩の化身《けしん》であると信じておられたということは、同じ太子和讃の中の、

救世観音大菩薩《くせかんのんだいぼさつ》　聖徳皇《しょうとくおう》と示現《じげん》して
多多《たた》のごとくすてずして　阿摩《あま》のごとくにそいたまう

（『真宗聖典』507頁）

の和讃からもわかります。

観音菩薩が、聖徳皇（聖徳太子）となってこの世界に現れ出たのであるというのです。「多多」は父、「阿摩」は母を意味する言葉ですから、今回の和讃に「大慈救世観世音」が「父」であり、「大悲救世聖徳皇」が「母」であるとおっしゃっているのと同じです。

いずれにせよ、親鸞聖人が、ここまで聖徳太子を讃えられ、また、その人生において深く太子に尋ねられたのはどうしてなのでしょうか。

和国《わこく》の教主《きょうしゅ》

親鸞聖人は、別の太子和讃で、

和国の教主聖徳皇

（『真宗聖典』508頁）

と、聖徳太子を讃えておられます。「和国」は日本、「教主」は釈尊《しゃくそん》のことですから、聖徳太子を日本の釈尊であるとおっしゃっているのです。

聖徳太子は、政治の世界に身を置きながら、深く仏教に学び、仏教の興隆につとめ、さらには仏教に基づく政治を目指されました。

太子が制定されたとされる『十七条憲法』には、政治を行う上での指針を、第一条に、

一つに曰《い》わく、和《やわ》らかなるをもって貴《たっと》しとし、忤《さか》うること無きを宗《むね》とせよ。

（『真宗聖典』963頁）

〔意訳〕一つ、平和で和やかであることを貴《とうと》び、争うことがないことを大切にしなさい。

と謳《うた》われ、さらに第二条には、

二つに曰わく、篤《あつ》く三宝《さんぼう》を敬え。三宝とは仏《ほとけ》・法《のり》・僧《ほうし》なり。（同前）

〔意訳〕篤く三宝を敬いなさい。三宝とは、目覚めた人（仏）・真実の教え（法）・真実の教えに生きる人々の集まり（僧）です。

と、仏教に基づく政治を行うと掲げられたのです。

生活者の立場で

また、同じく第十条には、我々はみな共に凡夫《ぼんぶ》（ただひと）なのであるから、いかり（忿・瞋）をすてて事に当たりなさいと説かれています。

僧侶の立場ではなく、在家信者（生活者）の立場で、仏教の精神のもとでの生活と政治を実践された方なのです。

このことについて、宮城顗《みやざきしずか》先生は次のようにおっしゃっています。

聖徳太子は、ただ仏教の教理を学び、伝えられたのではなく、仏法《ぶっぽう》の智慧《ちえ》・慈悲《じひ》の心を身に聞き取っていかれたのです。そして、この日本の地にはじめて、人は皆「共に是《こ》れ凡夫《ただひと》」なるもの、「相《あい》共に賢《かしこ》く愚かなること、鐶《みみかね》(金属の輪)の端《はし》無きが如《ごと》」(『十七条憲法』)きものであるという自覚をもって、日々の生活をも政治をも生ききっていかれた方でありました。

(『和讃に学ぶ　正像末和讃』185頁)

あくまでも、生活者の立場で仏教に聞いていかれた。親鸞聖人は、そこに、自分自身の生き方を尋ねていかれたのではないでしょうか。

父のごとく母のごとく

さて、その聖徳太子(観世音菩薩)を、親鸞聖人は、「父のごとくにおわします」、「母のごとくにおわします」と讃えられます。

幼い頃に、父とも母とも別れなければならなかった。その親鸞聖人が、晩年になって、「父のごとくにおわします」、「母のごとくにおわします」と素直な表現で聖徳太子を讃えられるのです。

親鸞聖人は、その生涯を通して本願念仏の教えに出遇っていかれた、出遇い続けていかれた方です。そして、親鸞聖人にとっては、その生涯に寄り添ってくださった方が、観世音菩薩の化身としての聖徳太子なのです。

そのことを、ほんとうに晩年になって、あらためて「父のごとく」「母のごとく」とうたわれていることに、感動を覚えずにはいられません。

浄土《じょうど》真宗《しんしゅう》に帰《き》すれども
真実《しんじつ》の心《しん》はありがたし
虚仮《こけ》不実《ふじつ》のわが身《み》にて
清浄《しょうじょう》の心《しん》もさらになし

（『正像末和讃』、『真宗聖典』508頁）

〔意訳〕
浄土真宗《じょうどしんしゅう》に帰《き》して、私に真実の心がないと思い知らされました。嘘偽《うそいつわ》りばかりで、清浄《しょうじょう》の心もまったくないわが身であったのです。

この身を生き抜く力

愚禿悲歎述懐和讃《ぐとくひたんじゅっかいわさん》

『正像末和讃《しょうぞうまつわさん》』は「正像末法和讃《しょうぞうまっぽうわさん》」58首に続いて、「疑惑罪過和讃《ぎわくざいかわさん》」23首、さらに「皇太子聖徳奉讃《こうたいししょうとくほうさん》」11首が置かれています。「皇太子聖徳奉讃」の後には、「愚禿悲歎述懐和讃」と呼ばれる和讃が16首よまれます。この和讃のはじめには「愚禿悲歎述懐」の標題が置かれ、また最後に、

已上《いじょう》十六首《しゅ》これは愚禿《ぐとく》がかなしみなげきにして述懐《しゅっかい》としたり。（『真宗聖典』510頁）

〈意訳〉以上16首。これは愚禿親鸞《ぐとくしんらん》の悲しみと歎きによって懐《ふところ》の内を述べたものです。

とあることから、「愚禿悲歎述懐和讃」と呼ばれているのです。今回は、この和讃の中から最初の1首を取り上げます。

浄土真宗《じょうどしんしゅう》

はじめに、「浄土真宗に帰すれども」とあります。浄土真宗という言葉は、以前もふれたように、単なる宗派の名称ではありません。「浄土こそ真《まこと》の宗《むね》」であるという教えです。親鸞聖人《しんらんしょうにん》は、『顕浄土真実教行証文類《けんじょうどしんじつきょうぎょうしょうもんるい》』(『教行信証《きょうぎょうしんしょう》』)のはじめに、

大無量寿経《だいむりょうじゅきょう》　真実の教《きょう》　浄土真宗

(『真宗聖典』150頁)

と掲げ、『大無量寿経』に「真実の教」が顕《あき》らかにされているのであるとされ、その教えに生きる道が「浄土真宗」であると示されました。しかしながら、これは親鸞聖人が自ら一宗を開いたのだとおっしゃった、ということではありません。『高僧和讃《こうそうわさん》』に、

智慧光《ちえこう》のちからより　本師源空《ほんじげんくう》あらわれて
浄土真宗をひらきつつ　選択本願《せんじゃくほんがん》のべたまう

(『真宗聖典』498頁)

とうたわれているように、師である法然上人《ほうねんしょうにん》の教えが親鸞聖人にとっての「宗」となった。そこに浄土真宗が開かれたのです。そのことの宣言が、『教行信証』の「後序《ごじょ》」に記された、

雑行《ぞうぎょう》を棄《す》てて本願《ほんがん》に帰《き》す。

（『真宗聖典』399頁）

です。ですから、浄土真宗とは、親鸞聖人が法然上人と出遇《であ》っていただかれた自らの救いを表現した言葉なのです。

真実の心《しん》はありがたし

その浄土真宗に帰したのだが、「真実の心はありがたし」とうたわれます。「ありがたし」は、もともと「有ることが難しい」ということで、そこから「ありがたい」という感謝の言葉になるのですが、ここでは、文字通り「有ることが難しい」、「有り得ない」、「まったくない」という意味になります。29歳で法然上人の教え、浄土真宗に帰した親鸞聖人が、晩年になって「真実の心はありがたし」とうたわれる。これはどういうおこころなのでしょうか。

浄土真宗とは、親鸞聖人が自らの救いを表現した言葉であると述べました。「真実の心はありがたし」とは、それが結局は救いにはならなかったということでしょうか。そうではないのでしょう。これは、浄土真宗に帰したおかげで、私に真実の心がないと思い知らされたということなのです。

真実に触れれば私も真実になるのだと思っていたが、まったくそうではなかった。逆に、真実に触れることによってこの私に真実の心がないと思い知らされたのだとおっしゃっているのでしょう。ですから、「真実の心はありがたし」の言葉こそが、親鸞聖人の救いを表現した感動の言葉なのです。

虚仮不実《こけふじつ》の身

重ねて、後半の二句には、「虚仮不実のわが身にて　清浄《しょうじょう》の心《しん》もさらになし」とうたわれます。「清浄の心もさらになし」の「さらに」は、下に打ち消しの言葉が来ると、「けっして〜ない」、「まったく〜ない」という意味になるので、「真実の心も、清浄の心もまったくない」とおっしゃっているのです。

はじめの「虚仮」という言葉について、親鸞聖人は『唯信鈔文意《ゆいしんしょうもんい》』において、「内懐虚《ないえ》仮」（内に虚仮を懐《いだ》いている）がわが姿であると述べられるところで、次のような解説をしてくださっています。

虚《こ》は、むなしくして実《じつ》ならぬなり。仮《け》は、かりにして、真ならぬなり。（『真宗聖典』557頁）

わが身は、一点の真実もない、不実の身であるというのです。人の不実はよく見えるのでしょう。そのことばかりを問題にして、相手のことを悪者にして自分を善《よ》き者にすることだけに心を砕いているのが私たちです。けれども、そこに救いはありません。そうではなかった。わが身こそが不実の身であったということを知らせていただく。そこに、不実なるわが身を実にしたいという「如来の真実」に触れたという救いがあったのだ。これが、親鸞聖人のおこころなのではないでしょうか。

生き抜いていく力

親鸞聖人が大切にされた聖徳太子《しょうとくたいし》は、

世間《せけん》虚仮《こけ》、唯仏是真《ゆいぶつぜしん》

〔訓読〕世間は虚仮なり。ただ仏のみ是《こ》れ真なり。

の言葉を残されました。親鸞聖人はこのおこころを、

煩悩具足《ぼんのうぐそく》の凡夫《ぼんぶ》、火宅無常《かたくむじょう》の世界は、よろずのこと、みなもって、そらごとたわごと、まことあることなきに、ただ念仏《ねんぶつ》のみぞまことにておわします

（『真宗聖典』640～641頁）

という言葉で語られました。

「如来の真実」は南無阿弥陀仏《なむあみだぶつ》の念仏です。その念仏をいただく生活の中で、わが身が虚仮不実の身であると知らされ、その身を生き抜いていく力を浄土真宗としていただいている。このことの感動がうたわれたのが、今回の和讃なのだと思います。

弥陀《みだ》の本願《ほんがん》信《しん》ずべし
本願《ほんがん》信《しん》ずるひとはみな
摂取《せっしゅ》不捨《ふしゃ》の利益《りやく》にて
無上覚《むじょうかく》をばさとるなり

（『正像末和讃』、『真宗聖典』500頁）

〔意訳〕
阿弥陀仏《あみだぶつ》の願いをいただいて生きてゆきなさい。阿弥陀仏の願いをいただいて生きてゆく者は、誰もが共に、阿弥陀仏の限りないはたらきに照らされて、この苦悩多き人生をいきいきと歩み続ける道をいただくのです。

本願《ほんがん》を信《しん》ずる

「弥陀《みだ》の本願信ずべし」

これまで、親鸞聖人《しんらんしょうにん》の和讃を1首ずつ取り上げて尋ねてきました。今あらためて、「はじめに」で取り上げた和讃を読んでみたいと思います。

この和讃は、親鸞聖人が85歳の時、夢に告げられた和讃（夢告《むこく》和讃）です。85歳にして、「弥陀の本願信ずべし」の教えをあらためて和讃（声《うた》）として聞かれたのです。それは、「弥陀の本願信ずべし」ということが、親鸞聖人の生涯を通しての課題であったということなのでしょう。

この、「弥陀の本願を信ずる」とはどういうことなのかを、これまで尋ねてきました。もう一度、振り返ってみたいと思います。

聞きとられた言葉

親鸞聖人は、信ずるとは「遇《あ》う」ということであるとおっしゃいます（本書108～115頁参照）。

「遇《ぐ》」は、もうあうという。もうあうともうすは、本願力《ほんがんりき》を信ずるなり。

（『真宗聖典』543～544頁）

「遇」は「遇う」ですが、「思いがけずであう」、「出くわす」、また「たまたま」という意味です。本願を信ずるというのは、私が信ずるのではない。そうではなくて、思いがけない「出遇《であ》い」なのです。

思いがけない出遇いですから、それはあくまでも「いただいたもの」です。私が信ずるのではなく、私の上に信ずるこころをいただくのです（本書182～188頁参照）。

本願を信ずるとは、本願を疑わないことであります。だからその信は本願力の廻向《えこう》でありますす。廻向とはいただいたものということでしょう。

（『和讃日日』91頁。傍点は筆者）

ですから、「弥陀の本願信ずべし」という言葉は、親鸞聖人の言葉であるというよりは、親鸞聖人が聞きとられた言葉なのでしょう。

親鸞聖人は、「阿弥陀仏《あみだぶつ》の願いをいただいて生きてゆきなさい」との呼び声を、85歳にしてあらためて聞きとられたのです。

この上ないさとりへの道

和讃は、

本願信ずるひとはみな
摂取《せっしゅ》不捨《ふしゃ》の利益《りやく》にて
無上覚《むじょうかく》をばさとるなり

と続きます。

「本願信ずるひとはみな」とあります。阿弥陀仏の願いをいただいて生きていく者は「誰もが」、そして「共に」ということでしょう。

「摂取不捨の利益」とは、摂《おさ》め取って捨てない利益ということです。苦悩の衆生《しゅじょう》をけっして見捨てることなく照らし続けてくださっているはたらきのことです。

「無上覚」とは、この上ないさとりということです。さとりというと、なにか純粋なもの、自分とは関係のないものと考えてしまいますが、けっしてそういうことではないのでしょう。金子大榮《かねこだいえい》師が次のようにおっしゃってくださっています。

されば、無上覚とは何であるかというと、そのどこまでも惑わされ、どこまでも始末におえない、それが本当のわれわれ衆生の相であったかということを、否応なしに知らしめられていくところに証得《しょうとく》せしめらるるものではないでしょうか。

（『正像末和讃講話』上巻28頁）

「どこまでも惑わされ、どこまでも始末におえない」わが身のありさまを、「否応なしに知らしめられていく」。その「否応なしに知らしめられていく」道を、この上ないさとりへの道となしてくださるはたらきが、「摂取不捨の利益」です。ですから、その道は、この苦悩多き人生をいきいきと歩み続ける道となるのです。

これが、親鸞聖人が85歳の時に聞きとられた、如来からの呼びかけの言葉なのです。そして、この和讃が、晩年の『正像末和讃《しょうぞうまつわさん》』制作の端緒となったのです。

苦難の生涯

親鸞聖人の生涯は、まさに苦悩多き、苦難の生涯でした。鎌倉時代に書かれた『方丈記』に、平安時代の終わりに起きた「養和《ようわ》の飢饉《ききん》」のことが書かれています。

二年の間、世の中は飢饉となり、酷《ひど》いことになりました。春夏は日照りが続き、一方では、秋には大風、洪水になるなど、たいへんなことが続いて、穀物はまったく実りませんでした。（中略）次の年には良くなるかと思っていれば、その飢饉の上に疫病《えきびょう》まで加わって、人々がどんどん亡くなっていきました。

（『方丈記』〔岩波文庫〕17～19頁取意）

平安末期は、日本各地で源氏と平氏が戦《いくさ》をしていました。そこに、自然災害、疫病が起こったのです。思うようにならない、苦難の時代です。親鸞聖人が9歳で出家《しゅっけ》をされたのが、この飢饉の中でのことでした。

親鸞聖人は、比叡山《ひえいざん》での厳しい修行と学問に励み、この思うようにならない時代を人間としてどう生きていくのかをたずねられました。しかしながら、比叡山の修行と学問では自身の中にその道を見出《みいだ》すことができず、29歳の時に山を下りて法然上人《ほうねんしょうにん》の弟子となり、本願念仏《ほんがんねんぶつ》の教えに帰依《きえ》されるのです。

こうして、師である法然上人のもとで念仏者《ねんぶつしゃ》としての道を歩みはじめた親鸞聖人でしたが、その歩みは、念仏弾圧、流罪《るざい》、法然上人との死別、晩年には息子である善鸞《ぜんらん》の義絶など、苦難の連続だったのです。

うたと共に歩まれた方

その苦難の生涯の中で、親鸞聖人は人間として生きる道を問い続け、『教行信証《きょうぎょうしんしょう》』をはじめ、多くの著作を残されます。その著作の中で、親鸞聖人は、声に出して称《とな》えることのできる「うた」を作られました。その中で、和文で書かれたものが「和讃」なのです。

それは、けっして片手間で作られたのではなく、苦難の生涯を生きる中で、繰りかえし、繰りかえし、お聖教《しょうぎょう》の言葉の響きを聞き続けられた。その、声として聞かれた教えが、声《うた》として表現されていったものなのです。

まさに、親鸞聖人は、その苦難の生涯を「うた」と共に歩まれた方であると言ってよいのではないでしょうか。その歩みにおいて、身をもって聞いていかれた教えが、時代を超えて、今この私たちに和讃として伝えられているのです。

おわりに――「うた(声)」と共に

聖徳太子《しょうとくたいし》が著《あらわ》したとされる『勝鬘経義疏《しょうまんぎょうぎしょ》』に、次の言葉があります。

声《こえ》は以《もっ》て意《こころ》を伝《つた》う。書《しょ》は以て声を伝う。

声は意を伝え、書かれたものは声を伝えるのです。「書は以て意を伝う」と言えばひと言で済みますが、わざわざこのように書かれているということは、「声」こそが大事なのだということでしょう。

「書」をお聖教《しょうぎょう》、「意」を仏さまのこころ、また「声」を言葉の響きと受け取ってみると、「仏さまのこころは言葉の響きとなって伝わり、言葉の響きはお聖教となって伝わる」ということになります。

さらに、『勝鬘経義疏』はこう続けられます。

故に書の義は、聞仏声《もんぶっしょう》という。

〔意訳〕だから、お聖教に触れるということは、仏さまの声を聞くことなのです。

親鸞聖人《しんらんしょうにん》の和讃は、まさに「聞仏声」の営みです。つまり、お聖教に説かれた教えを言葉の響きとしていただいていく営みです。そして、その言葉の響きが仏さまのこころを伝えてくださっているのです。

教えはそれを教えとして聞く人がいることによって成り立ちます。語る者のところでなく、聞く者のところに仏法《ぶっぽう》はあるのです。

「声」は、その「声」が発せられ、その「声」が聞かれた時に「声」になるのでしょう。「うた」は、その「うた」がうたわれ、その「うた」が聞かれた時に「うた」になるのでしょう。「南無阿弥陀仏《なむあみだぶつ》」は、「南無阿弥陀仏」が称《とな》えられ、聞かれた時に「南無阿弥陀仏」になるのです。

親鸞聖人は、その苦難の生涯を「うた」と共に歩まれた方です。「うた」は繰りかえしうたうことができます。繰りかえしうたうことができるということは、繰りかえし仏さまのこころに触れることができるということです。苦難の人生、愚痴《ぐち》で終わっていくしかない人生。そこに、周りの人と共に仏さまのこころに触れることのできる道を開いてくださっている。それが、親鸞聖人の和讃（声《うた》）なのです。

２０２１年4月より2年間にわたって、月刊誌『同朋《どうぼう》』に、親鸞聖人の和讃についての連載をさせていただきました。私自身にとっては、多くの気づきが与えられた貴重な2年間でした。

さらに、その原稿を、このような形で本にまでしていただきました。これもひとえに、連載を読んでいただき、はげましの声をかけてくださった多くの方々のおかげです。ほんとうにありがとうございました。

最後になりましたが、連載中、九州大谷短期大学の同僚である青木玲先生、中島航先生には、内容についての貴重なアドバイスをいただきました。また、連載および本書の出版にあたり、藤﨑恵美さん、東真行さんをはじめ東本願寺出版の皆さまには、テーマや構成、内容や表記についてのご提案から編集実務に至るまで、ひとかたならぬご尽力をいただきました。ありがとうございました。記して謝意を表します。

２０２３年３月

吉元信暁

主要参考文献

『真宗聖教全書』（第一巻）　大八木興文堂　１９４１年
『親鸞聖人真蹟集成』（第三巻）　法藏館　１９７４年
金子大榮　『三経和讃講話』　彌生書房　１９６９年
『和讃日日』　真宗大谷派難波別院　１９７３年
『和讃日日　続』　真宗大谷派難波別院　１９７６年
『高僧和讃講話』（上下巻）　彌生書房　１９７６～１９７７年
『正像末和讃講話』（上巻）　彌生書房　１９８１年
『くずかご』　文栄堂　１９８３年
蓬茨祖運　『現世利益和讃』　東本願寺出版　１９８４年
『二河白道の譬喩』　東本願寺出版　１９８４年
『蓬茨祖運集』（下巻）　東本願寺出版　２０１３年

宮城顗　「蓬茨学長の思い出」『九州大谷短期大学　昭和63年度卒業記念冊子』九州大谷短期大学　1988年
『正信念仏偈講義』（第一巻）法藏館　1992年
『正信念仏偈講義』（第五巻）法藏館　1993年
『親鸞思想の普遍性』法藏館　1996年
『和讃に学ぶ　浄土和讃』東本願寺出版　2000年
『和讃に学ぶ　高僧和讃』東本願寺出版　2003年
『和讃に学ぶ　正像末和讃』東本願寺出版　2003年
『浄土真宗の教え――真実の教・行・信・証』東本願寺出版　2018年
柏原祐義　『三帖和讃講義』平楽寺書店　1917年
廣瀬杲　『罪業深重』東本願寺出版　2004年
平野修　『はじまりとしての浄土の真宗』真宗大谷派帯広別院　1996年
古田和弘　『親鸞の「いのちの歌」正信偈入門』東本願寺出版　2021年
三明智彰　『親鸞の阿闍世観――苦悩と救い』法藏館　2014年
木越康　『正像末和讃を読む』真宗大谷派大阪教務所　2005年

吉元信暁（よしもと　のぶあき）
1969年生まれ。九州大谷短期大学教授。金沢大学経済学部卒業。大谷大学大学院博士後期課程（哲学専攻）単位取得退学。修士（文学）。専門分野は哲学・真宗学。真宗大谷派九州教区豊前中津組大日寺住職。
著書に『和讃をうたう』（真宗大谷派佐世保別院）。
論文に「摂取の心光」（九州大谷研究紀要、2020年）、「大悲弘誓の恩徳」（九州大谷研究紀要、2022年）など。

和讃《わさん》の響《ひび》き——親鸞《しんらん》の声《うた》を聞《き》く

2023（令和5）年5月28日　初版第1刷　発行

著　　者　吉元信暁
発 行 者　木越　渉
発　　行　東本願寺出版（真宗大谷派宗務所出版部）
〒600-8505　京都市下京区烏丸通七条上る
TEL　075-371-9189（販売）
075-371-5099（編集）
FAX　075-371-9211
印　　刷　中村印刷株式会社
デザイン　株式会社188

ISBN978-4-8341-0671-8　C0015